Claudia Praxmayer

WILDES PARADIES

CLAUDIA PRAXMAYER

Wildes PARADIES

Der Natur freien Lauf lassen
und dafür reich belohnt werden

lübbe*life*

Dieser Titel ist auch als E-Book erschienen.

Originalausgabe

Copyright © 2021 by Bastei Lübbe AG, Köln

Fotos: Claudia Praxmayer
Illustrationen im Innenteil: Liliana Danila/shutterstock.com
Textredaktion: Tobias Schumacher-Hernàndez, Berlin
Umschlaggestaltung: ZERO Werbeagentur, München
Einband-/Umschlagmotiv: © Ute Michel Fotografie, Homberg
Layout und Satz: fuxbux, Berlin
Gesetzt aus der Sabon Next und der Lemon Milk
Druck und Einband: Livonia Print, Riga

Printed in Latvia
ISBN 978-3-431-07025-5

1 3 5 4 2

Sie finden uns im Internet unter luebbe-life.de
Bitte beachten Sie auch: lesejury.de

Inhalt

»LUST AUF EINEN KLEINEN SPAZIERGANG?«

Mit dieser Frage beginnt jeder Besuch bei uns auf dem Hof. Wir starten am Haus oder genauer gesagt ein Stück unterhalb davon, wo unsere Terrassenbeete liegen. Während wir über die Steinstufen nach unten laufen, naschen wir ein paar Zuckerschoten, schieben uns vielleicht noch Stachelbeeren in den Mund und stecken die Nasen in das Wilde Basilikum. Und mit etwas Glück bekommen wir sogar eine hübsche Zauneidechse zu Gesicht, die auf der Trockensteinmauer in der Sonne döst. Vorbei am alten Wildapfelbaum geht es weiter zum unteren Teich. Ein schmaler Pfad, den wir in die Wiese gemäht haben, führt uns dorthin. Ist es warm, kann man die Brennnesseln riechen, die an der Totholzhecke in die Höhe schießen.

Am Teich angekommen, werden wir schon von einer großen, grünblauen Libelle neugierig beäugt. Sie weicht uns nicht von der Seite, bis wir ihr Revier verlassen und uns zu den wilden Beeten – ein buntes Durcheinander aus Blumen, Kräutern und Gemüse – getrollt haben. Ist Hochsommer, verkosten wir dort Tomaten und ziehen dann weiter, über unsere Obstwiese hinauf zum oberen Teich. Mit den Füßen im Wasser lässt es sich dort auch an heißen Sommertagen gut aushalten, während man den Blick auf die Berge genießt. Irgendwann geht es dann zurück zum Haus, aber vorher statten wir der wilden Hecke noch einen Besuch ab, denn dort warten vielleicht süße Brombeeren auf uns.

Gut und gerne eine Stunde schlendern wir gemütlich über das Grundstück, naschen und erzählen, zeigen und erklären denen, die es interessiert, was wir mit diesem Stück Land vorhaben: Wir wollen ein Paradies erschaffen, in dem sich nicht nur wir, sondern auch wilde Tiere und Pflanzen gleichermaßen wohlfühlen. Es ist nur ein kleiner Beitrag zum Erhalt der Artenvielfalt, aber für uns eine echte Herzensangelegenheit.

»Wildes Paradies« ist ein Buch über die Magie des Beobachtens, des Wachsens und Entstehens, die Freude am Experimentieren und »Einfach-mal-Machen«. Gemeinsam streifen wir über Wiesen, durch Beete und all die anderen Lebensräume, die über die Zeit bei uns entstanden sind, bestaunen geselliges Gemüse und selbstbestimmte Kräuter, beobachten winzige Wildbienen, rasende Käfer und noch so manch anderes Wunder der Natur.

Ob man einen Garten, einen Kleingarten oder einen Balkon sein Eigen nennt: Ein Stückchen wildes Paradies lässt sich so gut wie überall erschaffen und kann mehr zum Erhalt der Artenvielfalt beitragen, als mancher vielleicht denkt!

Unser Hof heute.

Kapitel 1

VOM TRAUM, EIN PARADIES ZU ERSCHAFFEN

hr seid verrückt!« – Irgendwann haben wir aufgehört zu zählen, wie oft dieser Satz gefallen war, nachdem wir das alte Bauernhaus im Chiemgau gekauft hatten. Zugegeben, der Hof war in einem äußerst desolaten Zustand, aber warum nur konnte niemand sehen, wie schön es hier war? Die grünen Hügel, an deren Flanken sich das trutzige Gebäude schmiegte, die mächtigen Buchen, die oberhalb des ehemaligen Gehöftes den Waldrand säumten, und die alten Obstbäume, die hinter dem Haus standen. Was machten da schon ein wenig Schimmel und morsches Holz aus oder die Tatsache, dass es keine Heizung und nur rudimentäre Sanitäranlagen gab? Nach zwei Jahren intensiver Sanierungs- und Umbaumaßnahmen wissen wir, auf was wir uns eingelassen haben. Trotzdem, wir haben es nie bereut, denn wir sind unserem Traum ein ganzes Stück näher gekommen.

Unser Hof liegt ziemlich genau in der Mitte zwischen München und Salzburg im schönen Chiemgau, der sich etwa fünfzig Kilometer rings um den Chiemsee erstreckt. Einen Blick auf das »bayerische Meer« haben wir zwar nicht, dafür liegt in unserer unmittelbaren Nachbarschaft ein Moorsee – ein Relikt aus der Eiszeit, die diese Region als Voralpen- und Moränenlandschaft geprägt hat. Viel Sagenhaftes rankt sich um den kleinen See mit dem schwarzen Wasser. In seinen Tiefen sollen ein Kloster mit liederlichen Nonnen versunken sein, riesenhafte Welse Enten verschlingen und der Tod auf jeden lauern, der ihn zu erkunden sucht. Vermutlich haben es Moor und See genau diesen abschreckenden Geschichten zu verdanken, dass sich die Natur hier viel von ihrer Ursprünglichkeit bewahren konnte. Pinkfarbenes Knabenkraut sprenkelt die Landschaft, die weißen Puschel des Wollgrases wippen im Wind. Schaut man genau hin, kann man sogar Sonnentau, eine kleine fleischfressende Pflanze, entdecken. Kreuzotter und Biber fühlen sich in diesem Naturschutzgebiet genauso wohl wie die Bläulinge.

Die andere Seite unseres Hofes wird von einem Berg bewacht, der seine ganz eigene, sagenumwobene Geschichte hat. Im nahen Wald liegt die kleine Abendmahlkapelle versteckt, die ihren Namen einem Gemälde des Letzten Abendmahls verdankt, das seit 1723 den Altar ziert. Dort sprudelt eine Quelle aus dem Hang, die schon lange bevor die Kapelle stand, verehrt wurde. Ihr Wasser soll Augenleiden lindern. Noch heute füllen die Menschen ihr Heilwasser in Flaschen ab und nehmen es mit nach Hause. Natürlich will ich auch die Kampenwand nicht unerwähnt lassen, deren imposantes Erscheinungsbild die Landschaft weithin prägt. Wir nennen das 1.669 Meter hohe Massiv allerdings nur den »Drachenrücken«, denn seine zackigen Felsgipfel sehen aus, als würde da oben ein schuppiges Untier schlafen.

Die alte Dame

Na gut, »Dame« trifft es nicht ganz, denn unser Hof ist alles andere als fein. Unverwüstlich, trutzig, beschützend war mein spontaner Gedanke beim ersten Besuch, und in meinem

Die alte Tenne konnten wir im Ganzen nicht retten,
aber das Holz ist überall im Haus wieder in Gebrauch.

Kopf entstand sofort das Bild einer Frau, die ordentlich zupacken kann.

Aufzeichnungen zufolge stand der Hof schon um 1730 hier, als Teil einer Nagelschmiede. Davon erzählen auch die vielen handgeschmiedeten Nägel und das ein oder andere Hufeisen, die wir regelmäßig bei der Gartenarbeit ans Tageslicht befördern. Wenn das kein gutes Omen für einen Garten ist. Später wurde der Hof als kleine Landwirtschaft mit Kühen, Hühnern und anderen Tieren geführt.

Im Grundriss entspricht er dem eines klassischen, wenn auch bescheidenen Bauernhauses: ein breiter Flur, von dem rechts und links die Räume abgehen. Die Wände sind buckelig von den rundlichen Steinen, die in Bayern »Bummerl« genannt werden und die vom Feld und aus den Bachbetten herbeigeschafft wurden. Viele der Balken im Haus sind von Hand gehackt, die Zimmer-

decke in der Stube pechschwarz, weil sie mit Ochsenblut einge-
strichen und jahrzehntelang dem Rauch von offenem Feuer ausgesetzt war. Gesund war das damals bestimmt nicht.

Uns war es wichtig, den Charakter des Gebäudes zu erhalten und
möglichst viele alte Elemente zu bewahren. Bei der Tenne war
damit allerdings Schluss, denn das Nutzgebäude, das sich dem
Bauernhaus anschloss, war so marode, dass wir es nur mit ängst-
lich nach oben gerichteten Blicken betreten haben. Und auch immer nur so lange wie unbedingt nötig. Aber auch hier haben wir
versucht zu retten, was noch zu retten war. Die alten Balken und
Bretter – manche davon über zweihundert Jahre alt –, die noch
nicht völlig morsch waren, haben wir nach dem Abriss in einer
Hitzekammer entwurmen lassen. Heute zieren sie als Tische,
Bänke und Arbeitsplatten unseren Wohnbereich oder finden sich
in der neu aufgebauten Tenne wieder. Irgendwie ein gutes Gefühl,
das alte Holz dort zu wissen, wo es hingehört.

Ich glaube, ich darf mit Fug und Recht behaupten, dass wir
jeden Stein und jeden Winkel unseres Hauses wie unsere Westen-
tasche kennen. Wir haben viel mitgearbeitet, einiges in Eigenregie
umgesetzt und vor allem geputzt. Und wie wir geputzt haben. Jedes Wochenende. Bauschutt nach draußen gebracht, Werkzeug
einsortiert, Material entsorgt und gefegt wie die Verrückten.

Holunder und wilde Rosen

Wenn ich die Augen schließe, dann sehe ich ihn noch immer am Hang stehen, diesen riesigen, alten Wildrosen-
strauch. Vermutlich eine Hundsrose, mit Stämmen so dick wie
mein Unterarm und offensichtlich entschlossen, für alle Zeiten

weiterzuwachsen. Übersät mit unzähligen zartrosa Blüten und umschwärmt von grün schillernden Rosenkäfern.

Leider gibt es den Strauch nicht mehr – zumindest nicht mehr in seiner ursprünglichen Form. Er fiel einem Freund zum Opfer, der uns im Herbst beim ersten Auslichten unseres frisch erworbenen »Dschungels« half. Unsere Anweisung, die uralten Wildrosen stehen zu lassen, hatte er seiner Meinung nach zuverlässig befolgt, denn er hatte ja nur die Hagebuttensträucher weggeschnitten ...

Auch einige der Holunderbüsche, die auf dem Grundstück wucherten, mussten der Sanierung geopfert werden. Mir hat dabei jedes Mal das Herz geblutet, denn »Holler«, wie wir ihn in Österreich nennen, ist seit jeher eine meiner Lieblingspflanzen. Der Duft der Holunderblüten im Juni – süß und cremig, irgendwie nach Vanilleeis mit etwas Zitrone – versetzt mich zurück in meine Kindheit. Bei jedem einzelnen Strauch haben wir uns entschuldigt, bevor wir mit der Säge angerückt sind und ihm den Saft abgedreht haben, schließlich wollten wir es uns auf keinen Fall mit der Holda verscherzen. Frau Holle, wie die Holda auch genannt wird, sieht es nämlich gar nicht gerne, wenn man ihren Strauch fällt ...

Es war das Land rund um den Hof, in das wir uns verliebt hatten und das unsere Kaufentscheidung maßgeblich antrieb. Die knorrige Quitte, die wir unerwartet inmitten von wildem Gestrüpp entdeckten, die Hügel, die wie sanfte Wellen hinter dem Haus verliefen, die Brombeerhecke, in deren Dickicht Vögel brüteten.

Vor uns hatte eine alte Frau den Hof bewohnt. Aufgrund ihres hohen Alters hatte sie das Land irgendwann nicht mehr bewirtschaften und auch den Garten nicht mehr in Schuss halten können. Eine Wiese, die steilste, war an einen Biobauern verpachtet, der dort seit Jahren Mutterkühe mit Kälbern abstellte. Beides sollte sich als Glücksfall für uns erweisen. Denn auf dem vernachlässigten Grundstück war in den letzten Jahren vermutlich eher wenig gedüngt oder mit Pestiziden gearbeitet worden. Das Mähen hatte in der Zeit der Nachbar mit seinem Traktor erledigt. Es waren vorrangig fette, das heißt von Gräsern dominierte Wiesen mit einer überschaubaren Zahl an Wildblumen-Arten. Die Grundvoraussetzungen hätten schlechter sein können.

Nur, dass wir zu diesem Zeitpunkt noch gar nicht so genau wussten, wohin unsere Reise gehen sollte. In den Jahren zuvor hatten wir eine ganze Reihe an Kursen besucht – von Permakultur über Teichbau und Ziegenhaltung bis hin zu Baumveredelung und Baumschnitt. Sogar das Mähen mit Sense hatten wir gelernt, die entsprechende Gerätschaft gekauft und vorerst in der desolaten Tenne aufgehängt. Bücher über Bio-Gemüseanbau, artgerechte Hühnerhaltung, das richtige Kompostieren und vieles mehr hatten sich angesammelt und brachten die Regale unserer Wohnung in München an ihre Belastungsgrenze. Die Sehnsucht war groß und die Liebe zur Natur auch. Jetzt mussten wir nur noch entscheiden, was wir mit unseren drei Hektar Hügelland anfangen wollten. Zwei Jahre sollte die Sanierung des Hofes dauern. Zwei Jahre, die wir zur Entscheidungsfindung nutzen wollten. Aber je öfter wir während der Sanierungsphase über unser Stück Land liefen und die Vögel, Insekten, Erdkröten und Eidechsen beobachteten, umso stärker wurde der Wunsch, ein Paradies für alle zu erschaffen. Nicht nur für uns mit Gemüsebeeten und einem Obstgarten, sondern auch für Tiere und Pflanzen der Region. Einen geschützten Lebensraum für all jene, die es durch die moderne Landwirtschaft, die Zersiedelung und andere menschengemachte Stolpersteine schwer haben: die Wildbienen, Schmetterlinge, Vögel, die alten Obst- und Gemüsesorten, die Blumen und Wildkräuter, die immer weniger Raum zur Entfaltung finden. Wir wollten Habitate erschaffen, und zwar möglichst unterschiedliche, um der Artenvielfalt wenigstens einigermaßen gerecht zu werden.

Und hier kommt der zweite Glücksfall ins Spiel. Der Pachtvertrag des Biobauern, der unsere steile Wiese für seine Kühe nutzte, ging beim Kauf automatisch auf uns über. Und so dauerte es nicht lange, bis wir unserem Pächter unsere Aufwartung machten, um uns vorzustellen. Auf der anderen Seite der Landstraße, auf einer Hügelkuppe, thront sein alter Hof in der Sonne. Sein breites Lächeln beim Öffnen der Tür werde ich nie vergessen, und was eigentlich nur als kurzer Antrittsbesuch geplant war, entwickelte sich zum Austausch über all die Dinge, die wir noch überlegten und er schon längst tat. Denn wir hatten nicht nur dieselben Kurse bei Sepp Holzer (österreichischer Landwirt und Begründer der »Holzerschen Permakultur«) besucht, sondern auch sonst ganz ähnliche Vorstellungen, was das Leben in und mit der Natur anging. Mit dem kleinen Unterschied, dass er uns jede Menge Erfahrung voraushatte. Wir erfuhren, dass er Behausungen für Mauswiesel baute, um die Wühlmäuse in Schach zu halten, Insektenhotels aus altem Holz fertigte und sich immer wieder neue Methoden überlegte, wie er Nacktschnecken ganz ohne Gift von seinem Gemüse fernhalten konnte. Nur zur Beruhigung: Auch er sucht trotz allem seine Beete jeden Abend und oft auch morgens nach Schnecken ab …

Unser Nachbar – ein Landwirt mit Leidenschaft und Respekt für die Natur – war für uns Anfänger eine willkommene Inspirationsquelle. Und schon bald sollten wir feststellen, dass er nicht der Einzige in unserer Nachbarschaft war, dem naturnahe Landwirtschaft ein echtes Anliegen war. Und wieder hatten wir das Gefühl, genau auf dem richtigen Fleckchen Erde gelandet zu sein.

Mehr Wildnis muss her!

Das erste Projekt, das für mehr Wildnis auf unserem Land sorgen sollte, war ein Zufallsprodukt. Wir mussten unser Grundstück auslichten, vor allem an den Grundstücksgrenzen, und auch die alten Obstbäume brauchten dringend einen Schnitt. Die Biomasse, die dabei anfiel, war beeindruckend. Wir standen vor einem Berg aus Stämmen, Ästen und Zweigen, und noch während wir die erste Fuhre mit dem Anhänger zur Kompostierungsanlage brachten, fiel mir plötzlich ein, dass ich irgendwann mal etwas über Totholzhecken gelesen hatte. Warum nur war mir das nicht früher eingefallen? Unser Grundstück war wie gemacht für solche Hecken, die wichtige Lebensräume für Vögel, Igel, Eidechsen, Insekten und allerlei anderes Getier sind.

Was soll ich sagen? Seither fahren wir nur noch äußerst selten zur Kompostierungsanlage. Stattdessen zieren etliche Meter Totholzhecken unser Grundstück, und jedes Jahr kommen ein paar mehr dazu. Die Nachbarn haben sich inzwischen an den Anblick gewöhnt, auch, weil die Hecken mittlerweile zum Leben erwacht sind und im Frühsommer herrlich blühen. Wildrosen, Brombeeren, Brennnesseln, Hartriegel, Holunder, Haselnuss, die ein oder andere Esche und sogar ein kleiner Walnussbaum sind in der Zwischenzeit eingezogen – dank der Mithilfe von Vögeln und Nagern, die verschiedene Samen und Nüsse für uns in der Hecke verteilen. Weinbergschnecken fühlen sich genauso wohl wie der Neuntöter, den wir von unserem Küchenfenster aus gelegentlich beobachten können.

Nicht ganz so ungeplant waren unsere Trockensteinmauern.

Wild entschlossen, eines Tages unser eigenes Gemüse anzubauen, mussten Beete her. Kein einfaches Unterfangen, denn es gibt auf unserem Grundstück so gut wie keine flache Stelle. Schon gar

Die Trockensteinmauern für die Terrassenbeete waren eine Herausforderung – die sich ungemein ausgezahlt hat.

nicht in der Sonne. Wie den Plan also umsetzen? Der Bagger, der während der Sanierungsarbeiten quasi bei uns eingezogen war, brachte die Lösung: Terrassenbeete, gleich unterhalb des Hofes. Das Rückgrat dieser Beete bilden Trockensteinmauern, die mit Humus hinterfüllt wurden. Gemüse gedeiht dort mittlerweile prächtig, aber auch sonst brummt das Leben in diesen Steinmauern. In den Hohlräumen leben Zauneidechsen, Blindschleichen haben Quartier bezogen, Spinnen und Insekten fühlen sich in den Ritzen pudelwohl. Und ja, auch die Schnecken. Das hatten wir in unserer Euphorie natürlich nicht bedacht. Zum Glück haben wir fleißige Mitarbeiter, wie den hübsch gescheckten Tigerschnegel (eine Riesennacktschnecke, die praktischerweise andere Schnecken frisst), und mittlerweile auch einen Schneckenzaun, die uns einiges vom Hals halten. Täglich absammeln tun wir trotzdem, vor allem, wenn die Keimlinge ihre ersten, zarten Blätter durch die Erde schieben.

Der Wunsch, mehr für die heimische Fauna und Flora zu tun, entstand von ganz alleine. Wann immer es die Sanierungsarbeiten zuließen, streiften wir durch das Gelände, machten uns vertraut mit den Pflanzen und Tieren, die bei uns lebten. Wir bestaunten die Hornissen in den alten Obstbäumen, freuten uns an ein paar Stängeln Johanniskraut, die im Sommer plötzlich hinter dem Hof auftauchten.

Irgendwann stellte ich fest, dass ich zwar wusste, wie man einen Satelliten-Sender an einem Weißen Hai anbringt und welche Beutetiere der Schneeleopard braucht – ich engagiere mich seit Jahren ehrenamtlich im Artenschutz –, aber im Verhältnis dazu die Bedürfnisse unserer heimischen Tier- und Pflanzenwelt eigentlich zu wenig kannte. Ich glaube, das geht vielen Menschen so. Wir alle wissen, dass Elefanten, Gorillas, Nashörner und viele andere charismatische Arten vom Aussterben bedroht sind. Naturschutzorganisationen haben uns für dieses wichtige Thema sensibilisiert, und unzählige Tierdokus bringen das Drama direkt in unsere Wohnzimmer. Aber wie steht es mit Feldhamster, Kiebitz oder Wildbienen? Diese bedrohten Tierarten leben unmittelbar vor unserer Haustür.

Die Recherchen zu meinem ersten Jugendbuch, »Bienenkönigin«, haben mir vor ein paar Jahren ziemlich unsanft die Augen geöffnet. Ein Buch über das Bienensterben sollte es werden. Honigbienen. Aber je länger und je tiefer ich in meine Recherche eintauchte, desto deutlicher wurde mir, dass es um mehr geht als um das mysteriöse Sterben dieses emsigen Nutztiers. Die Krefelder Studie, die 2017 für viel Aufsehen sorgte, war noch nicht veröffentlicht, trotzdem schwirrte das Thema Insektensterben bei meinen Gesprächen mit Fachleuten schon durch den Raum. Da wurde ich hellhörig. Denn eines hatte ich von meinem Biologiestudium behalten: Ohne Insekten läuft nicht viel auf der Welt. Sie sind die heimlichen Herrscher auf unserem Planeten.

Ein »ordentlicher« Garten, in dem ein strenges Regiment geführt, jedes Blatt beseitigt und jeder überstehende Halm geschnitten wird, war ohnedies nie unser Traum gewesen. Aber je länger wir beobachteten, dem Wachsen und Werden zusahen, umso mehr reifte in uns der Entschluss, unser Land zu so etwas wie einem kleinen Naturschutzgebiet zu machen. Wilde Ecken samt Brennnessel-Dschungel, Distelfelder und Brombeerhecken sollten genauso ihren Platz finden wie Gemüsebeete und Obstwiesen. Nach und nach wollten wir neue Lebensräume für Tiere und Pflanzen schaffen – Teiche anlegen, Wiesen vermagern, Reisig- und Steinhaufen aufschichten – und der Vielfalt auf die Sprünge helfen.

Ich weiß nicht, wie viele Arten wir mittlerweile auf unserem Grundstück beherbergen, aber etliche von ihnen waren vor fünf Jahren noch nicht da. Der Dost, eine Art wilder Verwandter des Majorans, und der Bläuling, dieser kleine Schmetterling, den ich als Kind schon geliebt habe, sind solche Neuzugänge. Letzterer ist mir irgendwann vor zwei Jahren plötzlich vor die Kameralinse geflattert. Keine Ahnung, ob das unser Verdienst ist oder ob er sich bisher nur vor mir versteckt hatte. Egal. Das Einzige, was wirklich zählt: Jetzt ist er da!

Vorsätze, die wir nicht an Silvester gefasst haben ...

Der Gestank, der unserer Brennnesseljauche-Tonne entströmt, ist erbärmlich. Besonders an heißen Sommertagen. Trotzdem, von Anfang an war klar, dass wir keine künstlichen Dünger oder Pestizide auf unserem Grundstück einsetzen würden. Wozu gab es schließlich Nützlinge und überriechende Pflanzenjauchen?

Selbst als Blattläuse, Schnecken und Wühlmäuse unseren Pflanzen zusetzten, wir wieder einmal einen jungen Apfelbaum mühelos aus der Erde ziehen konnten, weil er statt Wurzeln nur noch einen abgenagten Stumpen hatte oder Blattläuse junge Pflanzentriebe lückenlos bedeckten, war Chemie für uns nie eine Option. Genauso wenig wie Pflanzen, die keinen bis wenig Nutzen haben. Oder wie wir dazu sagen: »nichts können«. Der glänzende, schnellwachsende Kirschlorbeer zum Beispiel, der ungefähr den ökologischen Nutzen einer Betonwand hat, oder die leuchtend gelben Forsythien, die nichts als Mogelpackungen sind, denn sie liefern weder Nektar noch Pollen für Insekten. Genauso wie viele Pflanzen mit gefüllten Blüten: hübsch anzusehen, aber für Wild- und Honigbienen ist dort meist nicht viel oder gar nichts zu holen.

Wir aber wollten eine reich gedeckte Tafel, also haben wir Bücher gewälzt, Leuten mit viel Erfahrung Löcher in den Bauch gefragt und dann unsere persönliche Favoriten-Liste erstellt: Die Kornelkirsche mit ihren frühen Blüten, die bei Vögeln beliebte Felsenbirne, der Weißdorn, die Berberitze, die Hasel mit ihren Nüssen im Herbst und einige andere Gehölze haben es schließlich in unsere Nützlich-und-hübsch-Auswahl geschafft. Genauso wie unzählige Kräuter- und Blumenarten, die das Nahrungsangebot für Insekten von Frühling bis in den späten Herbst hinein ergänzen sollten.

Natürlich haben wir uns nicht nur überlegt, wie wir die wilden Rüssel, Schnäbel und Mäuler satt kriegen und neue anlocken können, sondern uns auch Gedanken darüber gemacht, was wir künftig selbst gerne auf unseren Tellern hätten. Die Frage kam bei einem Abendessen mit Freunden im Herbst auf. Die Sanierungsarbeiten liefen gut, es war abzusehen, dass wir im kommenden Frühjahr endlich unseren Hof beziehen konnten. Die Terrassenbeete lagen zugedeckt unter einer dicken Mulchschicht und warteten darauf, im nächsten Jahr mit Leben erfüllt zu werden.

Permakultur, Mischkultur, alte Sorten, Kultursaatgut – viele Begriffe flogen im Laufe des Abends über den Tisch. Klar, samenfeste, also »vermehrbare« Sorten sollten es sein und Mischkultur, also bestimmte Gemüse miteinander pflanzen, damit sie voneinander profitieren können, auch. Aber was? So viel, das es zu berücksichtigen gab, und dazu eine riesige Auswahl. Zucchini, haben wir uns sagen lassen, kann jeder. Und dass der dümmste Bauer oft die dicksten Kartoffeln hat, gab uns Hoffnung. Meine Mutter wollte unbedingt frischen Knoblauch, ich so ziemlich alles, was mir aus dem Katalog eines Bio-Saatgut-Herstellers entgegenleuchtete, und mein Mann auf keinen Fall Rote Bete. Meine erste Beetplanung hat mich fast an den Rand der Verzweiflung getrieben.

Irgendwann haben wir einen Vorsatz gefasst: Wenn unser erstes Jahr als Hobby-Bauern einigermaßen lief, wollten wir jedes Jahr etwas Neues ausprobieren und Obst und Gemüse anbauen, das wir liebten, auch wenn es üblicherweise nicht zur Stammbesetzung im Gemüsegarten gehörte. So kommt es, dass wir uns mittlerweile an Quinoa, Süßkartoffeln, Cima di Rapa (oder auch Stängelkohl), Kläräpfeln und noch so manch anderem versucht haben.

Nein, wir leben nicht im Rosamunde-Pilcher-Land

Nur damit kein falscher Eindruck entsteht: Wir wandeln nicht nur Arm in Arm über unser Land und beobachten Käfer. Ein naturnaher Garten dieser Größenordnung macht Arbeit, das will ich nicht verschweigen. Die abschüssigen Wiesen müssen mit dem Balkenmäher gemäht, das Heu zusammengerecht, der Kompost umgeschichtet, die Totholzhecken nachgebessert und die Beete gemulcht werden. Ständig gibt es etwas zu reparieren, bauen, schleifen oder warten, das Obst und Gemüse will geerntet und verarbeitet werden. Die To-do-Liste ist schier unendlich, Langeweile kommt bei uns nicht auf. Davon können auch unsere Freunde ein Lied singen. Wer ohne ärztliches Attest bei uns am Hof auftaucht, bekommt ein Paar Arbeitshandschuhe und je nach Witterung einen Strohhut oder Gummistiefel in die Hand gedrückt und wird zum Dienst eingeteilt.

Obwohl wir schon lange nicht mehr ins Fitnessstudio gehen, wachsen unsere Muskeln, wir können essen wie die Drescher, ohne zuzunehmen, und trotz Sonnencreme mit hohem Lichtschutzfaktor haben wir immer eine gesunde Gesichtsfarbe. Unsere Finger sind meist schwarz, die Arme zerkratzt, und unschöne blaue Flecke oder Blutergüsse zieren regelmäßig unsere Körper.

Würden wir tauschen wollen? Niemals!

Auch wenn wir nicht immer ganz salonfähig sind: Für uns ist es das Schönste, draußen in der Natur zu sein und mit ihr und für

Nur zu schnell zu übersehen: die zarten Keimlinge der Pastinake.

sie zu arbeiten. Und wir lernen dabei unendlich viel. Nicht alles, was wir uns vornehmen, klappt immer auf Anhieb, aber wir werden besser.

Ein Beispiel gefällig? Es war in unserem ersten Jahr. Mitte Mai. Die Samenkörner waren alle im Boden, und ich hatte alles akribisch in unserem »grünen Buch« notiert. Gefühlt lief ich jede Sekunde hinaus zu den Beeten, um nachzusehen, ob etwas wächst. Und tatsächlich, schon bald schoben Radieschen, Rübchen & Co. ihre ersten Blätter durch die Erde. Nur eine Bahn blieb leer. Die mit den Pastinaken. Was hatte ich falsch gemacht? Nachdenklich hockte ich vor dem Beet, pflügte mit den Fingern durch den Mulch rundherum und zupfte ein wenig Beikraut. Ganz gedankenverloren. Und so fiel mir erst nach ein paar Minuten auf, dass dieses »Unkraut«, das da zwischen dem Mulch hervorlugte, in einer perfekten Reihe stand. Aber da war es schon zu spät. Ich hatte ungefähr ein Viertel der Pastinakenkeimlinge ausgerupft …

Es gibt einen reichen Fundus an solchen Geschichten. Ich erzähle sie ganz bewusst, weil ich nicht vergessen habe, wie viel Respekt ich anfänglich vor unserem Großprojekt hatte. Man will es gut, will es richtig machen. Und vielleicht jagten wir ja auch nur einem romantischen Hirngespinst hinterher?

Es ist schließlich nicht so, dass man im Biologiestudium lernt, wie Gemüse angebaut oder ein Garten naturnah gestaltet wird. Zwar hatten wir beide in unserer Jugend regelmäßig Ferien auf dem Bauernhof verbracht – ich habe dabei Melken und Buttermachen und mein Mann, selbstverständlich, Traktorfahren gelernt –, aber das machte noch lange keine Bauern aus uns. Heute, ein paar Jahre später, bringt mich der Gedanke zum Schmunzeln. Unsere Einstellung dazu hat sich mittlerweile deutlich verändert. Natürlich wollen wir es nach wie vor gut und richtig machen, aber dazu kam mit der Zeit etwas, das wir nicht vorhergesehen hatten: der Spaß am Experimentieren, am Einfach-mal-Machen und Improvisieren. Wahrscheinlich ist das auch ein Stück weit Notwehr, denn bei unseren Rundgängen sehen wir nicht nur die Schönheit der Natur, sondern auch tausend Dinge, die es zu erledigen gilt, entwickeln ständig neue Ideen, die wir noch umsetzen möchten. Nicht ganz zufällig heißt das Kapitel, in dem ich mich damit beschäftige, »Mut zum Chaos«.

Kapitel 2

DIE MAGIE
DES BEOBACHTENS

Ich habe es schon als Kind getan. Mich in eine Wiese gehockt und beobachtet, was rund um mich herum geschieht. Je länger ich hinsah, umso mehr entdeckte ich, umso mehr Details nahm ich wahr. Winzige Läuse, die an Stängeln saßen und von Ameisen eskortiert wurden. Die Fliege, die sich im klebrigen Netz einer Spinne verfangen hatte, und ihre Jägerin, die schon eilig auf sie zukrabbelte. Ich fand seltene Raupen, wie die eines Totenkopfschwärmers, und nahm sie mit nach Hause, weil ich beobachten wollte, wie sie sich verpuppt. Die Geschichte ging übrigens nicht gut aus, weil mir meine kindliche Ungeduld dazwischenkam. Zwar verpuppte sich die Raupe tatsächlich im Schuhkarton, aber weil ich unbedingt sehen wollte, wie der Schwärmer mit der totenkopfähnlichen Zeichnung aussieht, brach ich das braune, trockene Gebilde auf. Und war untröstlich, als ich verstand, dass ich damit den Schwärmer getötet hatte. Die einzige Entschuldigung, die ich dazu vorbringen kann: Ich war erst neun Jahre alt.

Die Faszination des Beobachtens hat mich mein ganzes Leben nicht verlassen. Es ist tatsächlich eine Art Magie für mich, dieses Innehalten und Hinschauen. Das Sichversenken in die Natur, dieses intuitive Erfassen, das direkt ins Herz geht. Wenn ein Rosenkäfer, ein eher grober Kerl, derart durch die Blüte pflügt, dass sie wackelt, als stürmte es. Oder der Admiral, ein Falter, der sich an einer matschigen Birne satt trinkt und lästige Konkurrenten mit energischem Flügelschlag verscheucht.

Mein Verstand schaltet sich beim Beobachten oft erst später ein. Erklärt mir dann, was ich sehe, oder fragt sich, mit wem er es da zu tun hat. Dann wache ich auf, wie aus einem Schlaf, ohne Gefühl für die Zeit, die vergangen ist.

In dem Wort Beobachtung steckt ein weiteres Wort, nämlich Achtung. Für mich interpretiere ich das als Hinweis, der Natur mit Achtung, mit Aufmerksamkeit zu begegnen. Aber durchaus auch als Aufforderung: Achtung! Hier gibt es etwas zu sehen.

Und es gibt so unglaublich viel da draußen zu sehen! Im Wald, auf der Wiese, aber auch im Park, im Garten, auf dem Balkon und selbst mitten in der Stadt. Man muss nur genau hinschauen und diesem Staunen, das für Kinder so selbstverständlich ist, wieder Raum geben.

Lässt man sich von der Natur und ihrer Vielfalt begeistern, stellt man nämlich plötzlich fest, dass die Welt voller Wunder ist. Alles, was man tun muss, ist ihnen Beachtung schenken: dem sirrenden Blau der Eichelhäher-Federn, den tastenden Fühlern eines Käfers, dem hopsenden Galopp eines Mauswiesels auf der Wiese.

Vor vielen Jahren habe ich an einer Wal-Expedition auf den Azoren teilgenommen. Genauer gesagt hatte ich einen Urlaub gebucht, bei dem ich als Laie ein wissenschaftliches Projekt tatkräftig unterstützen konnte. Ich wollte etwas zum Erhalt dieser majestätischen Tiere beitragen, mich einmal wie Heinz Sielmann oder Jacques Cousteau fühlen.

Zwei Wochen lang fuhren wir täglich mit einem Motor-Katamaran aus, beobachteten die Wale, zählten und fotografierten sie. Stundenlang stand ich jeden Tag an Deck und scannte die Wasseroberfläche nach Rücken, Flossen oder einem Blas, dieser

Fontäne aus Atemluft, die zu Nebel kondensiert und von den Walen nach dem Auftauchen ausgestoßen wird. Und je länger ich die Tiere beobachtete, umso besser konnte ich unterscheiden, welcher Wal da am Horizont gerade aufgetaucht war. An der Art, wie sie schwammen, sich ihre Rücken wölbten, an der Form ihres Blases.

Beim Pottwal ist es eher eine Wolke, die leicht nach vorne geneigt ist, Buckelwale hingegen haben einen V-förmigen Blas, der von Blauwalen ist gigantisch groß, wie auch das Tier selbst. In dieser Zeit des Beobachtens habe ich viel gelernt – über Wale und über mich. Warum erzähle ich diese Geschichte?

Weil diese Expedition, diese zwei Wochen Konzentration auf das Beobachten, mein Auge und meinen Geist geschult hat. Und weil mir mit der Zeit bewusst wurde, dass es für diese Art von Erlebnis gar keine Expedition braucht. Jeder Tümpel kann zum Ozean werden, jede Wiese zur Serengeti.

Die Natur beobachten kann jeder. Überall. Gratis.

Man muss nur die Neugierde von der Leine lassen und sich einen Moment Zeit nehmen, genauer hinzusehen. Wer flattert denn da in meinem Garten? Wer nascht an der Blume auf dem Balkon? Wer sonnt sich auf dem Stein? Ein Blümchen, das sich durch einen Spalt im Asphalt schiebt. Dazu muss man noch nicht einmal wissen, wen man da eigentlich beobachtet. Denn auch ganz ohne Kenntnis des Namens kann man einfach die Farben, ein Muster oder ein bestimmtes Verhalten wahrnehmen und sich daran erfreuen. Und vielleicht stellt man dann sogar erstaunt fest, dass einem bisher etwas entgangen ist. Wenn man zum ersten Mal bemerkt, dass Bienen mit einem feinen, goldenen Flaum bedeckt sind, der sie im Gegenlicht förmlich leuchten lässt. Oder dass junge Sonnenblumen ihre Blüten nach der Sonne ausrichten und so manche Blume sogar das Wetter vorhersagen kann, wie beispielsweise die Wetterdistel (Silberdistel), die ihre Blüten schließt, kurz bevor Regen kommt.

Carl von Linné, ein berühmter schwedischer Naturforscher des 18. Jahrhunderts, soll mit einem Blick aus dem Fenster auf seine Blumen im Garten sogar die Uhrzeit bestimmt haben. Ihm war aufgefallen, dass das Öffnen und Schließen von Blüten artspezifisch war. Um Bestäuber anzulocken, öffnen bestimmte Pflanzen nur zu einer bestimmten Tageszeit ihre Blüten. Er legte eine »Blumenuhr« an, anhand der er – je nachdem, welche Blütenblätter offen oder geschlossen waren – die Uhrzeit ablesen konnte. Ziemlich gut beobachtet, finde ich.

Linné erfand aber nicht nur seine Blumenuhr, sondern, noch viel wichtiger, ein Klassifikationssystem, mit dessen Hilfe Arten sinnvoll geordnet und charakterisiert werden konnten, was endlich eine zuverlässige Bestimmung möglich machte. Grundlage für dieses System, das übrigens bis heute Gültigkeit besitzt, war seine intensive Beobachtung der Natur. Und da war er nicht der Einzige. Generationen von Naturforschern gründeten ihre Erkenntnisse auf sorgfältiger und systematischer Beobachtung von Flora und Fauna, ihrer Struktur, Verhalten und Prozessen.

Man muss bestimmt kein Forscher sein, um die Natur zu beobachten und sich an ihr zu freuen. Wir alle sind sinnliche Wesen, dazu geschaffen, die Welt um uns herum wahrzunehmen. Beobachten liegt in unserer Natur.

Evolutionstechnisch betrachtet waren wir Menschen die meiste Zeit Jäger und Sammler und somit darauf angewiesen, die Rhythmen und Vorgänge in der Natur zu kennen.

Ohne sorgfältiges Beobachten? Unmöglich!

Vermutlich fotografiere ich deshalb auch so gerne. Der begrenzte Blick durch den Sucher schärft den Fokus, die Aufmerksamkeit auf ein Objekt noch einmal zusätzlich. Eine begnadete Fotografin ist trotzdem nicht aus mir geworden, denn sosehr ich das Aufspüren und Festhalten von Motiven liebe, so wenig interessiert mich die Technik dahinter. Leider. Also ist es bei der »Schmalspur-Fotografie« geblieben.

Interessanterweise ist die Sache mit dem Fotografieren nicht einmal auf meinem Mist gewachsen. Den Anstoß dazu hat mein Mann gegeben, der mir meine erste richtige Kamera geschenkt hat. Der Text, den er damals in die Karte geschrieben hatte, rührte mich sehr: »Wenn ich deine Fotos betrachte, sehe ich plötzlich Dinge, die mir selbst beim Hinschauen völlig entgangen sind. Ich mag es, die Welt durch deine Augen zu sehen.«

Was Pflanzen erzählen

Beobachten muss man nicht lernen, bestenfalls ein wenig üben. Umgekehrt kann man aber durch Beobachten viel lernen. Wir erleben das hier am Hof ständig.

Wir müssen nicht mehr mit den Gummistiefeln bis zu den Knöcheln im Schlamm stehen, um eine feuchte Stelle zu erkennen. Mittlerweile sehen wir am Bewuchs, wo sich das Wasser gerne dauerhaft sammelt. Wenn sich bestimmte Gräser oder beispielsweise Bachnelkenwurz oder Mädesüß zeigen, dann ist das für uns ein sicheres Indiz.

Wildpflanzen wachsen sowieso nie »einfach nur so« irgendwo. Sie erzählen einem immer etwas über den Standort, den sie sich ausgesucht haben. Nur wenn Bodenbeschaffenheit und Mikroklima ihren Ansprüchen genügen, siedeln sie sich an.

Wo Mädesüß gedeiht, herrschen feuchte Verhältnisse.

Bodenanalyse à la Mutter Natur:
ZEIGERPFLANZEN

Zeigerpflanzen geben uns wichtige Hinweise auf die Beschaffenheit von Böden, weshalb sie auch als Bioindikatoren gelten. Natürlich sagt eine einzelne Pflanze noch nichts über den Boden aus, aber tritt ein Gewächs irgendwo gehäuft auf, lohnt sich ein genauer Blick.

Hier ein paar Beispiele: Die Große Brennnessel wächst gerne auf stickstoffreichen Böden, während Klappertopf-Arten und Wiesen-Margeriten es eher stickstoffarm mögen. Mädesüß liebt es feucht, das Nickende Leimkraut bevorzugt es trocken und sonnig. Und während Leberblümchen (siehe Foto) und Acker-Glockenblume auf schwach basischen Böden gedeihen, brauchen hingegen Heidelbeeren sauren Untergrund zum Wachsen.

Es gibt Menschen, die in der Natur wie in einem Buch lesen können. Ganz so weit sind wir leider noch nicht, aber wir beobachten fleißig und werden besser. Die einfachste Lektion waren die Brennnesseln. Dort, wo sie wachsen, ist der Boden vor allem stickstoffreich und gerne auch mal feucht. Wenig überraschend, dass genau dort, wo unsere Vorbesitzer ihre Hühner hielten, besonders viele davon wachsen. Übrigens erzählt auch der Löwenzahn meist von Stickstoff. Darum verwandeln sich häufig gedüngte Grünflächen im Frühsommer in ein gelbes Löwenzahnmeer.

Oder der Klatschmohn, der in der letzten Saison plötzlich zum ersten Mal im hintersten Winkel unseres Grundstücks aufgetaucht ist. Wir staunten über diesen hübschen Neuzugang und forschten nach. Mohn, stellte sich heraus, liebt kalkhaltige Böden.

Da war es dann nicht mehr ganz so verwunderlich, dass sich neben dem kleinen Mohnfeld auch jede Menge Hohlzahn und auch das ein oder andere Wolfsmilchgewächs angesiedelt hatte. Denn auch sie mögen alkalische Böden, also Böden mit einem pH-Wert über sieben.

Beobachtet man seine Umgebung und lernt die Zeichen lesen, spart einem das mitunter eine Menge Frust und Geld.

Um beim Beispiel mit dem Mohn zu bleiben: Es würde wenig Sinn machen, dort Pflanzen ansiedeln zu wollen, die mit einem erhöhten pH-Wert nicht zurechtkommen. Sie würden schlicht und ergreifend nicht gedeihen.

In dieser Saison stellte ich irgendwann fest, dass sich in einem unserer Gemüsebeete plötzlich Sauerklee breitmachte. Die Samen habe ich möglicherweise mit dem Waldboden, von dem ich jeden Herbst ein paar Schäufelchen unter den Humus mische, eingeschleppt. Allerdings mache ich das bei jedem Beet, aber nur in dem untersten wächst das Zeug wie verrückt.

Angeblich liebt Sauerklee, wie schon sein Name sagt, saure Böden. Leicht saure Böden können die meisten Gemüsepflanzen zwar gut abhaben, aber sinkt der pH-Wert dann zu stark, tun sich manche mit der Aufnahme von Nährstoffen schwer, und auch vielen Mikroorganismen behagt das Milieu nicht.

Das soll natürlich nicht sein, also werde ich im nächsten Frühjahr ein wenig Urgesteinsmehl unter den Humus mischen, um den pH-Wert auszugleichen. Oder ich opfere stattdessen meine legendäre Eierschalensammlung, die ich jedes Jahr anlege, um unseren Wirsingpflanzen etwas Gutes zu tun. Getrocknet und zerkleinert sind Eierschalen nämlich bestens geeignet, den Boden aufzubessern. Jedenfalls gut, dass der Sauerklee aufgetaucht ist und Bescheid gegeben hat, so können wir in der nächsten Saison gegensteuern.

Entdeckerfreuden

Wenn ich durch unsere Wiesen oder den Wald streife, frage ich mich oft, welche Geheimnisse sich wohl direkt vor meiner Nase verbergen mögen. Welche Arten leben hier, von deren Existenz ich keine Ahnung hatte? Welche Überlebenskämpfe spielen sich gerade zu meinen Füßen oder im Blätterdach über meinem Kopf ab?

Entdecke ich dann tatsächlich etwas Besonderes, eine Pflanze oder ein Tier, das mir auf unserem Grundstück noch nie zuvor untergekommen ist, dann durchströmt mich pure Freude. Als hätte ich einen wertvollen Schatz gehoben und nicht nur irgendeinen braunen Vogel im Gebüsch erspäht. Sofort wird das Handy gezückt, ein Foto geschossen und damit nicht nur ein Beweis für seine Existenz geschaffen, sondern auch gleich die Grundlage für die Identifikation geliefert. Vorausgesetzt, ich komme nah genug dran. Bei der Marderfamilie, die in eine unserer Totholzhecken am unteren Teich eingezogen war, ist mir das leider nie gelungen. Weder mit dem Handy noch mit meiner Kamera. Alles, was auf den Fotos zu sehen war, waren längliche braune Flecken, die nur mit viel gutem Willen als Marder durchgingen. Diese kleinen Raubtiere lassen sich selten blicken und wenn, sind sie einfach unglaublich schnell. Ich bin mir relativ sicher, dass es sich um Hermeline handelte, da unser Hund Leopold im Winter zuvor eines aufgeschreckt hatte – weiß wie Schnee und mit der typisch schwarzen Schwanzspitze. Dieses Mal aber musste ich den Beweis schuldig bleiben. Nicht weiter schlimm, denn egal, welche Marderart dort eingezogen war – sie alle jagen leidenschaftlich gerne Wühlmäuse, was sie für uns zu willkommenen Verbündeten macht. So kommt es jedenfalls, dass sich in der Fotogalerie meines Handys mittlerweile mehr Bilder von Pflanzen und Tieren als von meiner Familie finden.

Es mag ein wenig seltsam klingen, aber ich streife tatsächlich immer in der leisen Hoffnung durch die Welt, eine seltene Art aufzustöbern oder etwas Spannendes zu beobachten. Eine Wespe, die sich im Flug eine unachtsame Raupe schnappt, eine noch nie da gewesene Wolfsmilchart, eine Tierspur im frischen Schnee. Es macht mich glücklich, der Natur in all ihren Facetten zu begegnen, und ich bin dankbar, dass ich dafür einfach nur vor die Haustür gehen muss.

Der Takt der Natur

Die Rotschwänzchen sind da!«

In diesem Jahr war es mein Mann Frank, der sie als Erster entdeckte. Auf seinem Gesicht lag ein breites Grinsen, als er mir die Nachricht überbrachte. Auch ohne Kalender hätte ich in diesem Moment gewusst, dass es Ende März war. Denn sie kommen immer Ende März. Sitzen am Zaun, knicksen und schlagen mit ihren rostroten Schwänzen auf ihre typische Rotschwänzchen-Art. Irgendwann fangen sie an, emsig Gräser und anderes Nistmaterial in unsere Tenne zu tragen, und wir sind glücklich. Wir wissen dann, sie werden wahrscheinlich wieder zweimal unter den Dachbalken brüten und wir damit jede Menge Gelegenheit haben, die Jungvögel bei ihren ersten Flugversuchen zu beobachten. Unser Balkenmäher, die Fahrräder, ein Stück alter Zaun sind dann für die kleinen Flugschüler beliebte Landeplätze.

»Die machen aber ganz schön Dreck in eurer Tenne«, meinte meine Mutter irgendwann. Stimmt. Aber dafür halten sie die Wespen fern. Zumindest glauben wir das. Denn jedes Jahr sammeln wir mehrere zerpflückte Papiernester vom Boden. Da Rotschwänzchen eigentlich wehrhafte Insekten meiden, vermuten wir, dass sie die Nester bereits während der Entstehung beseitigen, um ihre Ruhe vor den Wespen zu haben. Wie auch immer, wir freuen uns, dass sie da sind und uns wie gute Geister umgeben. Sind wir draußen, müssen wir meist nicht lange warten, bis ihr Ruf ertönt, der irgendwie an den von Delfinen erinnert, oder sie irgendwo auf einem Zaun auftauchen und uns neugierig beobachten. Knicksen und Schwänzchenschlagen inklusive.

»Hast du die Rotschwänzchen heute schon gesehen?«, ist dann Ende Oktober die meistgestellte Frage bei uns am Hof. Denn das ist die Zeit, in der uns die guten Geister wieder verlassen und die Reise in ihr Winterquartier im Süden antreten. Bis sie dann hoffentlich im März darauf wieder zu uns zurückkehren. »Unsere« Rotschwänzchen (genauer gesagt Hausrotschwänze) sind über die letzten Jahre ein fester Bestandteil unseres Jahres geworden, sie gehören für uns einfach zum Rhythmus auf dem Hof dazu.

Wer keine Rotschwänzchen zu Gast hat, kann immer noch durch Beobachten der Pflanzenwelt das Jahr strukturieren. Die meisten Gärtner kennen ihn, den phänologischen Kalender, der anhand von Pflanzen und ihren Erscheinungen Orientierung gibt. Allerdings hat das Jahr biologisch bedingt dann zehn statt vier Jahreszeiten, die jeweils von den entsprechenden Zeigerpflanzen eingeläutet werden. Diese Mini-Jahreszeiten sind aber nicht an jedem Ort und auch nicht in jedem Jahr gleich.

Die Rotschwänzchen zeigen Ende März den Frühlingsbeginn an, und wenn sie Ende Oktober verschwinden, stellen wir uns auf den Herbst ein.

PHÄNOLOGISCHER KALENDER –
das biologische Jahr

Hier ein paar Beispiele für phänologische Zeigerpflanzen:

- **Vorfrühling:** Es blühen Hasel, Schneeglöckchen und Märzenbecher

- **Erstfrühling:** Forsythie, Beerensträucher wie Stachelbeere, Obstbäume wie Kirsche, Birne und Pflaume blühen

- **Vollfrühling:** Apfel, Flieder und Rosskastanie sind an der Reihe

- **Frühsommer:** Der Holunder und die Wiesen blühen

- **Hochsommer:** Lindenblüte, die Johannisbeeren werden reif

- **Spätsommer:** Frühe Obstsorten und Vogelbeeren werden reif, Getreide wird geerntet

- **Frühherbst:** Herbstzeitlose blüht, Holunder und Kastanien werden reif, Höhepunkt der Obsternte

- **Vollherbst:** Die (Spät-)Kartoffeln werden geerntet, das Laub beginnt sich zu verfärben

- **Spätherbst:** Das Laub fällt ab, alles kommt langsam zur Ruhe

- **Winter:** Ende der Vegetationszeit, die Lärchen verlieren die Nadeln, der Winterweizen läuft auf

42

Das beobachten auch wir hier am Hof. Mikroklimatisch sind wir an unserem Standort meist hintendran. Bei uns braucht die Sonne einfach länger, bis sie im Frühling über den Berg kommt, und unser Hof liegt zudem ein paar Meter höher. Während beispielsweise in und um Rosenheim die Apfelbäume manchmal schon in voller Blüte stehen, tragen unsere Bäume erst kleine Knospen. Es kann durchaus von Vorteil sein, dass unsere Obstbäume eher langsame Gesellen sind. Später Frost, wie es ihn in unserer Gegend regelmäßig gibt, richtet mit etwas Glück dann nicht ganz so viel Schaden an wie anderswo.

Im phänologischen Kalender eine Zeigerart für den Vorfrühling: Märzenbecher.

Aber nicht nur Gärtner nutzen den phänologischen Kalender. Auch die Klimaforschung interessiert sich zunehmend dafür, weil sich Pflanzen eben nicht nur abhängig von ihrem Standort und dem Wetter entwickeln, sondern auch in Abhängigkeit von Klima und Klimawandel. Die über die letzten Jahrzehnte gesammelten Daten sprechen schon jetzt eine ziemlich eindeutige Sprache. Die Blütezeit vieler Pflanzen hat sich deutlich nach vorne verschoben. Die Jahreszeiten starten früher, die Vegetationsperioden werden länger, der Winter kürzer. Was vielleicht im ersten Augenblick nicht dramatisch klingt, kann Auswirkungen auf die biologische Vielfalt haben, wenn zum Beispiel die zeitliche Abstimmung zwischen Blüten und Bestäubern verloren geht. Ob auch unsere Rotschwänzchen künftig früher bei uns eintreffen werden? Oder irgendwann vielleicht gar nicht mehr in den Süden ziehen? Wir werden das auf jeden Fall aufmerksam beobachten.

Mit Tieren meditieren

Wenn ich über einem Text brüte und nicht weiterweiß, in einer schwierigen Situation stecke und zu viel darüber grüble oder einfach nur traurig bin, setze ich mich auf die Bank vor unserem Schlafzimmerfenster und beobachte die Vögel. Besonders im Winter, wenn die Futterstelle mit allerlei Köstlichkeiten für unsere gefiederten Freunde bestückt ist, geht es hoch her. Aber auch im Sommer, wenn Sonnenblumen, Kosmee & Co. am Verblühen sind, die Gräser Samen tragen, ist einiges geboten, und die Spatzen lungern sowieso das ganze Jahr bei uns herum.

Ich versenke mich dann ganz in das Treiben. Schaue ihnen zu, wie sie sich die Bäuche vollschlagen, ihre Jungen füttern, beobachte, wie sie geschickt die Sonnenblumenkerne öffnen, sich um ein Stückchen Erdnuss zanken. Plötzlich rücken Details in meine Wahrnehmung, springen förmlich in den Vordergrund, als hätte sich der Fokus meiner Augen verändert. Die Feder, die ein wenig zu weit absteht, eine ungewöhnliche Färbung, der rosa schimmernde Schnabel eines Grünfinks. Sehe ich Herrn Gimpel mit der leuchtend roten Brust, suchen meine Augen ganz automatisch nach seiner Frau, die bräunlich und damit weniger auffällig ist. Ich weiß, sie muss irgendwo sein, denn er taucht so gut wie nie irgendwo ohne sie auf.

Und plötzlich passiert etwas Wunderbares. Mein Kopf wird leer, mein Gehirn hört auf zu plappern, meine Gedanken sind still. Meine Achtsamkeit ganz auf die Vögel zu lenken lässt mich ruhig werden. Das Sitzen und Schauen entfaltet bei mir eine fast meditative Wirkung, und so ganz nebenbei lerne ich eine Menge und erlebe spannende Momente.

Spannende Momente beim Vögelgucken?

Ja, tatsächlich.

Ich saß wieder einmal auf meiner Bank und beobachtete die Stare dabei, wie sie durch die Zweige der alten Zwetschge turnten. Im Mai tauchen oft Starenpaare mit ihrem Nachwuchs auf. Während die Eltern schillernde Erscheinungen sind, sehen die Jungvögel eher unscheinbar graubraun aus. Plötzlich, mit einem Schlag, verschwanden alle Vögel. Stare, Meisen, Spatzen, Gimpel – als hätte sie der Erdboden verschluckt. Meist heißt das, der Traktor knattert unten an der Straße vorbei oder aber … der Sperber ist unterwegs, auf der Suche nach Beute. Da sah ich ihn auch schon, diesen pfeilschnellen Jäger. Wendig wie ein kleines Jagdflugzeug manövrierte er geschickt zwischen Bäumen und Büschen, auf der Suche nach seinem Mittagessen. Mein Blick fiel auf den Zwetschgenbaum und zu meinem Schreck entdeckte ich einen der graubraunen Jungstare. Er hatte wohl den Abflug verpasst und presste sich jetzt eng an einen großen Ast. Regungslos. Ich hielt die Luft an. Würde der Sperber ihn entdecken? Ein banger Moment verging, dann drehte der Sperber ab und verfolgte einen Vogel, den er im Garten der Nachbarn erspäht hatte. Der junge Star blieb wie versteinert sitzen. Nach einer Weile kam eine Blaumeise aus ihrem Versteck, dann tauchten zwei Finken auf, und schließlich kehrten auch die Stare zurück. Und schon kam Leben in den kleinen Kerl. Lautstark flatternd machte er sich bei seinen Eltern bemerkbar, die sofort ankamen und ihm einen Leckerbissen in den aufgerissenen Schnabel stopften. Dank seiner Tarnfärbung und der klugen Entscheidung, regungslos zu verharren, hatte er überlebt. Zumindest vorerst.

Nur damit kein falscher Eindruck entsteht: Ich verteufle den Sperber nicht für das, was er tut. Er ist ein Vogeljäger, das ist seine Rolle im Ökosystem. Hätte er den Jungstar erwischt, wäre das Teil des natürlichen Kreislaufes gewesen. Nicht mehr und nicht weniger. Vermutlich hätte sich mein Herz trotzdem für einen Moment zusammengezogen, wäre ich Zeugin dessen geworden.

Leicht hat es der elegante Jäger ohnedies nicht bei uns. Mit schöner Regelmäßigkeit wird er schon beim Anflug verpetzt. Federführend sind dabei die Eichelhäher und die Buntspechte, die lautstark auf den Eindringling aufmerksam machen. Aber auch die kleinen Vögel wie Meisen oder Amseln warnen vor der drohenden Gefahr aus der Luft.

Ich gebe zu, meditativ ist so ein Erlebnis nicht, sondern eher pulsbeschleunigend. Trotzdem: An den Text, der mir an diesem Tag einfach nicht von der Hand gehen wollte, hatte ich keine Sekunde gedacht.

FORSCHUNG ZUM MITMACHEN –
Die »Stunde der Wintervögel«

Vögel im Garten, auf dem Balkon oder im Park zu beobachten macht nicht nur Spaß, sondern kann sogar helfen, schleichende Veränderungen in der Vogelwelt aufzuspüren.

Seit über zehn Jahren rufen NABU (Naturschutzbund Deutschland) und LBV (Landesbund für Vogelschutz) Naturfreunde dazu auf, im Januar eine Stunde lang Vögel zu zählen und zu melden – online, per App oder Telefon.

Damit ist die »Stunde der Wintervögel« Deutschlands größte wissenschaftliche Mitmachaktion. Jeder kann zum Forscher werden und helfen, wichtige Daten über den Zustand der Vogelwelt zu gewinnen. 2020 haben sich über 140.000 Menschen beteiligt und die Daten von 3,6 Millionen Vögeln gemeldet. Und je mehr Menschen bei dieser Langzeitbeobachtung mitmachen, umso besser! Übrigens: Auch im Mai wird gezählt. Nämlich bei der »Stunde der Gartenvögel«.

Wir sind natürlich auch mit dabei!

Ein bunter Fund in der »Stunde der Wintervögel«: die Blaumeise.

Beobachten schult nicht nur den Blick und schenkt innere Ruhe, sondern erinnert an etwas, das in unserem strukturierten und digitalisierten Alltag schnell mal in den Hintergrund rückt: Die Natur ist ein immerwährender Kreislauf aus Entstehen und Vergehen, und nicht nur Star und Sperber sind ein Teil davon, sondern auch wir Menschen.

Alltägliches Staunen

Es war nur eine Flügelspitze, die zwischen den Disteln hervorblitzte. Kaum größer als der Nagel meines kleinen Fingers. Trotzdem registrierte mein Unterbewusstsein im Vorbeigehen etwas Ungewöhnliches. Nach ein paar Schritten, nachdem mein Gehirn die Information schließlich verarbeitet hatte, machte ich

Die Spanische Flagge, auch Russischer Bär genannt, zeigt sich auch tagsüber, obwohl er ein Nachtfalter ist.

kehrt, um der Sache auf den Grund zu gehen. Ich musste einen Brennnesselwald umrunden und mich durch das hohe Gras kämpfen, bevor ich mich vorsichtig der Distel nähern konnte. Und da sah ich sie. Es war eine Spanische Flagge (auch Russischer Bär genannt), die sich auf der Blüte niedergelassen hatte. Ein Nachtfalter, der aber auch oft am Tag aktiv ist und den ich bis dato erst ein paar Mal gesehen hatte. Ein hübscher und auffälliger Schmetterling mit zebraartig schwarz-weiß gestreiften Vorderflügeln. Spreizt er sie, kommen rot-orange Hinterflügel zum Vorschein.

Hätte ich den Schmetterlingen auf unserem Grundstück über die Jahre nicht so oft zugesehen und sie dabei so gut kennengelernt, wäre mir möglicherweise gar nicht in den Sinn gekommen, die Spanische Flagge wäre etwas Besonderes hier bei uns.

Oder dieser Tag Anfang Mai. Es schneite. Nicht einer dieser Scherze, die sich Frau Holle gelegentlich erlaubt – kaum am Boden, schon wieder verschwunden. Nein, wir hatten eine geschlossene Schneedecke. Gerade dick genug, um die hellgrüne Landschaft unter sich zu begraben. Unsere Quitte stand in voller Blüte, aus den Nistkästen an den Bäumen drang das Piepsen der jungen Vögel. So liefen wir Anfang Mai dick eingepackt mit Schal und Handschuhen über das Grundstück und schüttelten den nassen Schnee von jenen Bäumen, die unter der Last zu brechen drohten. Da flog ein Stück von uns entfernt ein Vogel auf. Schwarz.

War das eine Amsel? Aus der Entfernung sah es danach aus. Trotzdem, irgendetwas an dem Vogel war anders, aber wir hätten beide nicht sagen können, was genau. Wir liefen ein Stück bergauf. Kaum kamen wir über die Kuppe zum Teich, scheuchten wir einen ganz Trupp dieser vermeintlichen Amseln auf, die daraufhin zeternd in unserer Brombeerhecke verschwanden. Das waren bestimmt keine Amseln, denn die Vögel hatten einen weißen Halbmond auf der Brust. Zurück im Haus befragte ich das Netz.

Eine Millisekunde später wussten wir, dass wir Ringdrosseln gesehen hatten. Und die waren der Amsel, die zur Familie der Drosseln gehört, nicht unähnlich. Normalerweise, so lernten wir, treiben sich die Ringdrosseln von Frühjahr bis Herbst im Mittel- oder Hochgebirge herum, bevor sie im Winter gen Süden ziehen. Vermutlich hatte sie der späte Wintereinbruch zu uns ins Tal getrieben. Obwohl der Schnee uns Kopfzerbrechen bereitete und auch einige Schäden verursacht hatte, die Ringdrosseln hätten wir ohne diesen Wintereinbruch vermutlich nie zu Gesicht bekommen.

Für mich sind Momente wie diese Geschenke, die das Staunen über die Natur und ihre Vielfalt jedes Mal aufs Neue in mir hervorzaubern.

Gepflegte Sauerei mit Totholzhecke und wilden Rosen.

Kapitel 3

MUT
ZUM CHAOS

I n den alten Schöpfungsmythen steht Chaos für den ungeordneten Urzustand, heute bezeichnen Naturwissenschaftler damit die Unvorhersagbarkeit von Prozessen. Im alltäglichen Sprachgebrauch hingegen nutzen wir das Wort meist für völlige Unordnung oder die Unbeherrschbarkeit einer Situation.

Chaos. Ich schätze, genau das denkt der ein oder andere Besucher, wenn er über unser Grundstück läuft. Von einem ordentlichen Garten mit englischem Rasen und manikürten Büschen sind wir meilenweit entfernt. Landwirtschaft im klassischen Sinne betreiben wir aber auch nicht.

Also was tun wir eigentlich?

Peter Berthold, ein bekannter Ornithologe, soll einmal gesagt haben: »Eine gepflegte Sauerei ist das Beste.«

Ich glaube, das beschreibt unser Grundstück ganz gut. Wir greifen dort ein, wo es nötig ist, erschaffen neue Lebensräume, lassen die Natur machen, schauen staunend dabei zu und assistieren gelegentlich. Das macht nicht nur weniger Arbeit, sondern auch mehr Spaß, und bringt so ganz nebenbei viel Gutes für die Artenvielfalt.

Schaut man sich an, wie Land heutzutage in weiten Teilen genutzt wird – bepflanzt mit Monokulturen, viel zu aufgeräumt

51

Lässt man sie machen, bereitet sich die Natur (fast)
ganz von selbst ihr Büffett.

und zugepflastert mit Straßen und Parkplätzen –, ist schnell klar, dass es mit den Lebensräumen für Pflanzen und Tiere langsam knapp wird. Zwar kommen ein paar robuste Generalisten wie beispielsweise das Tagpfauenauge mit diesen menschengemachten Bedingungen einigermaßen zurecht, andere aber verschwinden nach und nach. Dort, wo die Landschaft eintönig ist, wird auch die Pflanzen- und Tierwelt irgendwann eintönig.

Die gute Nachricht: Jeder kann der Vielfalt mit einfachen Mitteln ein wenig auf die Sprünge helfen – egal, ob man einen kleinen Garten oder einen Balkon sein Eigen nennt. Alles, was es braucht, ist ein wenig Mut zum Chaos, zum Einfach-mal-Machen, und die Bereitschaft, sich von der Natur überraschen zu lassen.

Für uns ist der Mut zum Chaos so etwas wie eine Überlebensstrategie geworden. Wir gingen mit viel Elan und Spaß an die Umgestaltung unseres Grundstücks und stellten schnell fest, dass wir mit unseren vier Händen bestenfalls einen Bruchteil dessen schaffen konnten, was wir uns vorgenommen hatten. Glücklicherweise haben wir mit der Natur eine sehr erfahrene Mitarbeiterin, die uns immer wieder kräftig unter die Arme greift.

Überraschung!

Mussten wir in unserem ersten Gartenjahr noch viele Blumen und Kräuter aussäen, brauchen wir uns um viele von ihnen nun keine Gedanken mehr zu machen. Sie tauchen jedes Jahr zuverlässig auf, und zwar ganz von alleine. Ringelblumen zum Beispiel. Ursprünglich an drei Stellen in unseren Gemüsebeeten angepflanzt, wachsen sie mittlerweile überall. Alles, was ich tun muss, ist die Jungpflanzen dort ausrupfen, wo ich sie nicht haben will. Oft verpflanze ich sie an einen anderen Ort und freue mich über die unkomplizierte Vermehrung. Dill, beliebt bei der Raupe des Schwalbenschwanzes, ist ebenfalls so ein Kandidat, genauso wie Borretsch, der Bienenmagnet (auch Gurkenkraut genannt), Kosmee, Kapuzinerkresse und Kamille. Sie alle haben einen gewissen Hang zur Anarchie und sind bei Vögeln und Insekten gerne gesehen. Also ganz unsere Kragenweite. Eine hilfsbereite Nachbarin hatte anfänglich noch versucht, mich vor diesem »Zeug« zu warnen, weil es sich »wie Unkraut« auf den Beeten ausbreitet. Wir hingegen freuen uns über diese selbstbestimmten Pflanzen – sie ersparen uns eine Menge Arbeit und sorgen zudem für die ein oder andere Überraschung.

Wie das Wilde Basilikum. Vor ein paar Jahren hatte ich diese herb riechende Pflanze gemeinsam mit Wildtomaten vorgezogen. Das robuste Kraut machte sich gut in unseren Gemüsebeeten und war der Liebling vieler Insekten. Also beschloss ich, es im

Jahr darauf wieder anzupflanzen, vergaß aber dummerweise, die Samen zu bestellen. Wie konnte ich nur so vergesslich sein? Mir und auch den Insekten blieb nichts anderes übrig, als mich mit einer Saison ohne Basilikum abzufinden.

Ein paar Wochen später war es wieder einmal an der Zeit, die Beete zu mulchen, und so zupfte ich vorher, wie immer, ein paar der größeren Beikräuter aus. Plötzlich stieg mir ein vertrauter Geruch in die Nase. Ein bisschen herb, fast wie ein altmodischer Herrenduft. Basilikum! Ich inspizierte das Grün genauer, das sich da zwischen die Rosenkohlpflänzchen geschwindelt hatte, und siehe da: Das Wilde Basilikum war zurückgekehrt! Auf einer Fläche von ungefähr einem Quadratmeter, üppiger und schöner als im Jahr zuvor. Das hätte ich selbst wahrscheinlich nicht so gut hinbekommen. Seither hat das Kräutlein einen Stammplatz in unseren Beeten, und ich habe nie mehr Samen bestellt.

MULCHEN –
die Natur nachahmen

Im Prinzip imitiert man beim Mulchen die Natur. Freien, offenen Boden gibt es dort praktisch nicht, oder wenn, nur kurze Zeit.

Fällt im Herbst Laub von einem Baum, wird der Boden darunter »gemulcht«. Mulchen heißt zuallererst einmal nur, den Boden mit organischem Material abzudecken. Gras, Heu, Stroh, Blätter, aber auch Brennnessel, Karton und Rindenabfälle kommen dafür infrage – je nachdem, was man bezwecken will. Eine Mulchschicht schützt den Boden vor Witterungseinflüssen, verhindert Austrocknung, reguliert Beikräuter und wird schließlich von den Bodenlebewesen allmählich in Humus verwandelt, der Boden also angereichert.

Beobachtet man unsere Gemüsebeete im Laufe des Jahres, stellt man fest, dass dieses System bei uns zum Chaos neigt. Im Mai ist alles noch überschaubar und ordentlich, eben wie sich ein guter Gärtner ein Beet vorstellt. Keimlinge sind ein wenig wie Kinder, sie brauchen Raum zum Entwickeln und ein gewisses Maß an Ordnung. Also schiebe ich vor dem Einsäen den Mulch zur Seite, und erst, wenn die Pflänzchen eine gewisse Größe erreicht haben, decke ich die Erde rundherum wieder mit Heu oder Grasschnitt zu. Je weiter der Sommer dann fortschreitet, umso chaotischer wird es in unseren Beeten. Dann tauchen plötzlich Rucola, Baumspinat mit seinen pinkfarbenen Spitzen, Stängelkohl und noch so manch anderer Selbstaussäer auf.

Auch wenn das unsere Beetplanung etwas durcheinanderwirbelt und nicht immer zu hundert Prozent den Empfehlungen in Sachen Fruchtfolge entspricht, lassen wir das meiste einfach wachsen und freuen uns über Farbenpracht und zusätzliche Ernte.

Ab August – wenn Regen und kräftiger Sonnenschein sich abwechseln – verlieren wir dann endgültig die Kontrolle über unsere Beete. Alles wuchert und schießt in die Höhe, wir kommen mit dem Ernten kaum hinterher. Irgendwo beginnen ein paar vergessene Radieschen zu blühen, Salatköpfe wachsen aus, überall ranken Blumen und Kräuter.

In gleichem Maße nimmt auch die Vielfalt an Insekten zu. Auf der Kamille sitzen winzige Wildbienen, und während sich auf den Dillblüten Schwebfliegen niederlassen, naschen ein Stockwerk tiefer die Schwalbenschwanz-Raupen an seinen fedrigen Blättern. Im Borretsch, der dann schon längst unkontrolliert über die Ränder der Beete wuchert, summt es wie in einem Bienenstock.

»Gibt es denn in unseren Beeten überhaupt noch Gemüse?«, fragte mich mein Mann einmal. Und das ist das Faszinierendste daran: Das Gemüse wächst und gedeiht trotzdem. Fast, als würde es dieses Chaos genießen.

Im wilden Bereich unseres Gartens lassen wir die Natur sowieso oft machen – ich meine, sie ist schließlich die beste Gärtnerin der Welt, oder? So überrascht sie uns gerne mal mit Sonnenblumen. Klar, rund um die Vogel-Futtersäulen, aber manchmal auch in den Beeten oder in der Nähe unserer Totholzhecken. Eben dort, wo die Vögel sie hintragen. Erstaunlicherweise werden solche selbstausgesäten Pflanzen von Schnecken weniger attackiert als alles, was wir selbst ausbringen. Warum das so ist, wissen wir auch nicht. Wir geben uns mittlerweile damit zufrieden, dass die Natur einfach besser weiß, wo bestimmte Pflanzen gut gedeihen.

Oder sie beschenkt uns mit Walnuss-, Hasel- und Eichenbäumchen. Dafür sind ebenfalls zu einem beträchtlichen Teil unsere gefiederten Freunde verantwortlich. Wahrscheinlich die Eichel- und Tannenhäher, die sich gerne bei uns herumtreiben, Vorräte anlegen und dann vergessen. Tatkräftige Unterstützung erhalten sie dabei von den Eichhörnchen, die uns immer besuchen, sobald die Nüsse reif sind. Und die ebenfalls zur Vergesslichkeit neigen …

Würden wir unsere Wiesen öfter als zwei Mal im Jahr mähen, wüssten wir von den Bäumchen nichts. Kaum zum Keimling herangewachsen, fielen sie auch schon wieder den scharfen Messern des Mähers zum Opfer. So hingegen graben wir sie oft aus und pflanzen sie an Stellen wieder ein, die wir sowieso mit heimischen Bäumen und Sträuchern aufforsten wollen. Ziemlich praktisch, so eine natürliche Baumschule, und dazu kostenfrei.

Und noch eine Überraschung bringt das seltene Mähen zum Vorschein, allerdings eine, für die es deutlich mehr Geduld und Ausdauer braucht. Lässt man Wiesen nämlich wachsen, mäht sie nur zwei Mal im Jahr, entfernt zudem das Schnittgut und düngt nicht, verändern sie nach und nach ihr Gesicht. Starkwüchsige

Gräser werden mit der Zeit weniger, dafür wandern mehr Wildblumen und Kräuter ein. Das freut nicht nur Auge und Nase, sondern auch die Tierwelt.

Ordnung ist überbewertet

Auch wenn sie es nie zugeben würden, aber für viele Verwandte und Freunde war die Art, wie wir unser Land bewirtschaften, gewöhnungsbedürftig. Zumindest am Anfang. Das Laub wird nicht ordentlich geharkt, es gibt keine sauberen Baumscheiben, überall liegen aufgeschichtete Äste und Steine herum. Brennnessel- und Distelwälder statt dekorativen Hortensienbüschen, Wiesen mit hüfthohem Gras statt Rasen, Kornelkirschen als Frühblüher statt leuchtend gelber Forsythien.

Vieles von dem, was wir tun, entspricht bestimmt nicht der gängigen Vorstellung eines gepflegten Gartens. Dafür aber hoffentlich dem, was die Tier- und Pflanzenwelt als Raum zum Leben braucht. Nationalparks und Naturschutzgebiete alleine werden auf Dauer nämlich nicht ausreichen, um den Artenschwund zu stoppen, sie sind nur Inseln in einem Meer aus Wirtschaftsflächen. Gärten – ob groß oder klein – können wie ökologische Trittsteine für Pflanzen und Tiere wirken und ein Netzwerk aus Lebensräumen knüpfen. Vor allem Vögel und Insekten auf der Suche nach Nahrung und Nistplätzen können so von Trittstein zu Trittstein wandern. Vorausgesetzt, wir Gartenbesitzer und Balkonbepflanzer unterstützen sie. Wer auf Pestizide verzichtet, heimischen Wildkräutern, Blumen und Sträuchern den Vorzug gibt und gelegentlich den Strauchschnitt in einer Ecke liegen lässt, statt ihn zum Wertstoffhof zu bringen, leistet schon einen wertvollen Beitrag zur Artenvielfalt.

WAS EIN BALKON ALLES KANN

Selbst auf dem winzigsten Balkon lässt sich einiges tun, um Vögeln und Insekten das Leben leichter zu machen. Jede noch so kleine naturnah gestaltete Fläche hilft!

Ganz Mutige legen eine wilde Ecke an. Mit Brennnesseln, Flocken-, Glocken-, Kornblumen, Malven, Wilder Karde und anderen Wildblumen in Blumenkästen oder Töpfen. Auch Kräuter, die man ausblühen lässt, sind bei Insekten beliebt. Dill beispielsweise kann man ganz einfach selbst in Töpfen ziehen. Sieht nicht nur hübsch aus und riecht gut, sondern lockt viele Insekten auf den Balkon.

Um zusätzliche Lebensräume auf dem Balkon zu schaffen, eignen sich auch Kletterpflanzen, die an der Wand hoch-ranken. Efeu und Clematis sind nicht nur dekorativ, sondern bieten Insekten, aber auch Vögeln Nist- und Rückzugs-möglichkeiten.

An flachen Schalen mit Wasser erfrischen sich Insekten und Vögel gleichermaßen. Um sicherzustellen, dass sie nicht zur tödlichen Falle für die kleinen Brummer werden, sollte man Steine, Moos oder Holzstücke hineinlegen, um Rettungsin-seln zu schaffen. Und wenn wir schon bei den Schalen sind: Eine Schale mit Sand wird von Spatzen gerne genommen. Man kann Schalen auch mit Sand befüllen – Spatzen lieben es nämlich, darin zu baden, um ihr Gefieder zu reinigen.

Und keine Angst, man muss nicht gleich den ganzen Garten verwildern lassen! Oft helfen schon ein paar kleine Maßnahmen: eine Ecke, in der Wildpflanzen stehen bleiben dürfen, ein paar Steine aufgeschichtet oder heimische Gehölze gepflanzt werden – und schon ist das Leben für einige Arten einfacher. Und für einen selbst manchmal auch. Unser Chaos bedeutet für uns auch eine Arbeitserleichterung. Und die kann sogar den Geldbeutel schonen.

Ein Beispiel ist Laub. Statt es zu entsorgen (machen wir nur bei kranken Bäumen), kann man es zusammenrechen und beispielsweise unter Beerensträuchern verteilen. Dann haben es die Pflanzen über den Winter warm, Tiere einen Unterschlupf, und gleichzeitig werden die Sträucher durch das verrottende Laub gedüngt. Mit Haselnuss-Laub mulchen wir im Herbst unsere Gemüsebeete. Es verrottet extrem schnell und bessert so den Boden auf. Walnuss-Laub ist so ziemlich das Gegenteil davon. Der hohe Gehalt an Gerbsäure sorgt dafür, dass es nur langsam kompostiert, was es bei vielen Gärtnern unbeliebt macht. Wir lassen es einfach auf einem Haufen neben der Brombeerhecke liegen und düngen später, wenn es sich etwas zersetzt hat, unsere säureliebenden Pflanzen wie die Heidelbeeren damit. Klappt bisher recht gut, und wir müssen keinen Spezialdünger kaufen. Dürre Blätter landen auch zuhauf unter unserer wilden Brombeerhecke und den Rosensträuchern vor dem Haus, denn Laub ist für uns nicht nur Dünger, sondern dient den Pflanzen auch als Daunendecke für den Winter. Und die kostet keinen Cent.

Heu? Nutzen wir zum Mulchen oder schenken es gegen Abholung den benachbarten Bauern, die sich immer über Futter oder Streu freuen.

Weil wir zum Mähen aber keinen Traktor, sondern nur Sensen und einen Balkenmäher haben, schaffen wir meist nur kleinere Flächen an einem Stück. Irgendwann im Laufe des Sommers sieht unser Grundstück dann aus wie ein wildes Mosaik – hohe Wiesen stehen neben frisch gemähten und solchen, die schon wieder etwas nachgewachsen sind –, während um diese Jahreszeit die meisten Grünflächen anderswo ein Einheitsgesicht haben. Die tierischen Wiesenbewohner profitieren davon, denn rücken wir ihrem Fleckchen Wiese zu Leibe, können sie sich in ein benachbartes Stück retten.

Der zweite große Posten ist Holz. Zweige und Strauchschnitt schichten wir auf, aus größeren Ästen bauen wir Totholzhecken. Das mag für manchen unordentlich aussehen, spart aber anstrengendes Schleppen und die Fahrt zum Wertstoffhof. Vögel, Igel, Eidechsen, Käfer und eine ganze Menge anderer Krabbler freuen sich über solche Strukturen im Garten, die ihnen Rückzugsmöglichkeiten, Baumaterial und Nahrung bieten.

Und Steine? Die werden natürlich auch gesammelt, an verschiedenen Stellen aufgetürmt, um dort auf ihren Einsatz zu warten – als Gestaltungselemente in unseren Teichen, als Beeteinrahmung oder manchmal eben auch als »ewiger« Steinhaufen.

Im Laufe des Sommers sieht unser Grundstück aus wie ein Mosaik von gemähten und ungemähten Wiesen – die Natur freut's.

SCHOTTERWÜSTE STATT GARTENREICH

Schotter oder Kies, so weit das Auge reicht. Darauf zwei Blumentöpfe mit exotischen Pflanzen gestellt, ein Buchs oder ein paar Ziergräser im Boden versenkt – fertig ist der Vorgarten. Unkrautfrei und pflegeleicht. Über Schönheit lässt sich bekanntlich streiten, aber mit Natur haben diese Steinwüsten jedenfalls nichts zu tun.

Artenvielfalt? Fehlanzeige.

Die wenigen Pflanzen, die sich in diesen Schottergärten finden, sind meist wertlos. Tiere finden dort weder Nahrung noch Nist- oder Rastplätze. Zu allem Überfluss kommen die Steine für solche Gärten oft aus Steinbrüchen in China oder Indien. Nicht unbedingt nachhaltig.

Auch für das Mikroklima sind solche Kiesflächen ein Problem: Es gibt dort keine Erde, kein Wurzelwerk und damit auch keine Wasserspeicherung. Das Einzige, was solche Gärten speichern, ist Wärme. Bei Hitze fällt also nicht nur die Abkühlung weg, die eine Grünfläche bietet, wenn die Feuchtigkeit verdunstet, sondern die Abstrahlung der Steine verhindert sie sogar.

Wer einen pflegeleichten Garten will, muss nicht unbedingt zu Schotter greifen. Ein naturnaher Garten mit robusten, heimischen Pflanzen macht ebenfalls wenig Arbeit, lockt dafür aber Schmetterlinge, Bienen und andere Tiere an.

Bitte nicht verwechseln: Schottergarten ist nicht gleichbedeutend mit Steingarten! Steingärten sind eine Nachbildung alpiner Pflanzengesellschaften und wichtig für Eidechsen, Insekten & Co.

Wir hatten für unser Grundstück natürlich keinen Masterplan. Wussten wir von Anfang an, dass wir die Wiesen genau so mähen würden? Oder Totholzhecken anlegen wollten? Nein, natürlich nicht! Klar haben wir uns schlaugemacht, mit vielen Leuten gesprochen und Kurse besucht. So schafft man ein Grundverständnis dafür, wie man mit und für die Natur arbeiten kann. Aber vieles, was es heute bei uns gibt, war für uns zuallererst einmal ein Experiment. Ziehen tatsächlich Eidechsen ein, wenn man einen Reisighaufen aufschichtet? Ja, tun sie. Kann man aus einem ausrangierten Holzschlitten, den die Vorbesitzer zurückgelassen hatten, ein Hochbeet für Tomaten basteln? Kann man. Man sollte nur darauf achten, das altersschwache Gefährt nicht zu schwer mit Kies und Erde zu beladen, sonst macht es die Grätsche. Ist meiner Freundin und mir nämlich passiert. Bestimmt eine Stunde hatten wir Material angeschleppt und in den Schlitten gekippt. Verschwitzt, aber stolz standen wir vor unserem Werk, als der Schlitten plötzlich mit lautem Getöse kollabierte. Ein paar Sekunden herrschte absolute Stille, dann brachen wir in schallendes Gelächter aus. Bis der »Tomaten-Schlitten« dann tatsächlich einsatzfähig war, vergingen noch ein paar Tage, aber es hat sich gelohnt.

Und wie sieht es mit »Unkraut« aus? Bringt es wirklich etwas, eine wilde Ecke stehenzulassen? Unbedingt!

Wilde Ecken voller Leben

Wer einmal beobachtet hat, wie ein Stieglitz die Kapsel einer Distel öffnet, um an ihre Samen zu kommen, wird dieses Schauspiel nie mehr vergessen. Konzentriert sitzt der Vogel auf der Pflanze und schält mit seinem Schnabel Streifen für Streifen der äußeren Hülle ab, bis er an die Leckerbissen im Inneren kommt. Und wer im Sommer an pinkfarbenen Kratzdisteln vorbeikommt, bemerkt vielleicht den honiggleichen Duft, den sie verströmen, und die Schmetterlinge, die auf ihren Blüten sitzen – Kaisermäntel, Ochsenaugen, den Braunen Waldvogel und auch seltenere Vertreter wie die Spanische Flagge kann man dann beim Nektarschlürfen beobachten.

Disteln sind zwar ziemlich kratzbürstig, aber dafür ein echter Gewinn für Käfer, Bienen, Schmetterlinge und allerlei Fliegen. Sind sie dann verblüht, kommen die Vögel und holen sich die Samen. Für die erste Schicht liefern Disteln süßen Nektar, für die zweite Energiepakete in Samenform. Die Korbblütler sind zähe Genossen, die sich überall zurechtfinden und erfolgreich ausbreiten, was vermutlich einen Teil ihres schlechten Images ausmacht. Auch bei uns siedeln sie sich überall an, aber das Wissen darum, wie viele Rüssel und Schnäbel sie füttern, lässt uns die Sache entspannt sehen. Dort, wo sie uns nicht stören, dürfen sie bleiben, überall anders mähen oder rupfen wir sie einfach aus. Natürlich muss niemand gleich seinen ganzen Garten in einen stacheligen Dschungel verwandeln, aber vielleicht gibt es den ein oder anderen Platz, an dem sie bleiben und ihren Job als Energie-Tankstelle für die Tierwelt erledigen dürfen.

Und das bringt mitunter auch für uns Menschen Vorteile. So wurzeln die meisten Distelarten tief und können mit ihren Pfahlwurzeln helfen, Erosion zu verhindern. Bei unseren steilen Hängen und gelegentlich sintflutartigen Regenfällen ist das durchaus ein willkommener Zusatznutzen. Einige Distelarten kommen sogar als Heilpflanzen zum Einsatz. So wird beispielsweise der Milchsaft der gelben Gänsedistel gegen Warzen eingesetzt, ein Tee aus Mariendistel soll die Leberfunktion positiv unterstützen.

Und wer sich mit wilden Disteln so überhaupt nicht anfreunden kann oder will, aber trotzdem etwas für Insekten tun möchte,

In der herkömmlichen Landwirtschaft wird sie als lästig betrachtet, aber eine vielfältige Tierwelt, hier ein Schachbrettfalter, labt sich an der Distel.

der kann stattdessen dekorative Edeldisteln aus der Staudengärtnerei pflanzen. Oder wilde Karden. Die sind, obwohl stachelig, botanisch gesehen zwar keine Disteln, sondern Kardengewächse, langrüsseligen Insekten wie Hummeln und Schmetterlingen oder den Distelfinken ist das aber herzlich egal.

Ich ernte oft verwunderte Blicke, wenn ich vom Duft der Brennnesseln schwärme. Aber es ist wirklich so. Ich mag den Geruch von Brennnesseln, er gehört für mich irgendwie zum Sommer. Für die meisten Menschen ist die Brennnessel wohl eher der Inbegriff von Unkraut. Sie wuchert wie verrückt – sowohl in Länge als auch Ausbreitung –, und kommt man ihr zu nahe, wird man sofort mit brennenden Schmerzen bestraft. Schuld daran sind Brennhaare, die bei Berührung abbrechen, sich dann wie Mikro-

Kanülen in die Hautoberfläche bohren und dabei einen Cocktail aus Ameisensäure, Histamin und Acetylcholin injizieren. Wir machen beim Arbeiten am Hof regelmäßig Bekanntschaft mit diesen Brennhaaren, die einem im Handumdrehen Pusteln auf die Haut zaubern.

Spätestens unter der heißen Dusche wird man dann ein zweites Mal daran erinnert, warum die Brennnessel ihren Namen trägt. Wir trösten uns damit, dass uns dafür vielleicht Rheuma erspart bleiben wird, denn dagegen soll die Brennnessel ebenfalls helfen. Der eigentliche Zweck der Brennhaare ist natürlich nicht, Menschen zu piesacken, sondern sie dienen als Schutz vor großen Pflanzenfressern.

Das wehrhafte Kraut stopft trotzdem viele hungrige Mäuler, und zwar die von Raupen. Um die dreißig verschiedene Raupenarten knuspern an ihren Blättern, darunter einige, die sich ausschließlich von ihr ernähren, also von ihr abhängig sind. Dazu gehört der Nachwuchs von bekannten Schmetterlingen wie beispielsweise dem Tagpfauenauge, dem Admiral oder dem Kleinen Fuchs, dessen wissenschaftlicher Name übrigens Aglais urticae ist. Warum ich das erwähne? Weil Urtica dioica die wissenschaftliche Bezeichnung für die Brennnessel ist. Das ist kein Zufall, sondern zeigt einfach die enge Beziehung zwischen Falter und Pflanze. Ohne Brennnessel kein Kleiner Fuchs, aber auch kein C-Falter und kein Landkärtchen, die ebenfalls Nessel-Falter sind. Wer also Brennnesseln im Garten hat und dort gelegentlich Blätter entdeckt, die zu kleinen Tütchen aufgerollt sind, kann sich freuen: Das ist das Werk der Admiralraupe, die sich tagsüber darin versteckt. Überlässt man den Brennnesseln eine Ecke im Garten, hilft man damit aber nicht nur den Faltern zu überleben. Auch Spinnen, Ohrenkneifer und Käfer wie der hübsch gefärbte Scheckhorn-Distelbock, auch Nesselbock genannt, halten sich dort auf. Marienkäfer gehen gerne im Brennnesseldschungel jagen, Schaumzikaden und Wanzen hingegen schlürfen genüsslich den Pflanzensaft.

Nicht nur für die Krabbler sind Brennnesseln eine Wohltat, auch für uns halten sie eine ganze Menge Nützliches bereit. Wir bereiten im Frühsommer daraus Brennnesseljauche – die ist zwar geruchstechnisch herausfordernd (warum wir das Fass auch immer in einiger Entfernung zum Haus aufstellen), aber dafür ein kostenloser und zu hundert Prozent biologischer Dünger, für den vor allem die Starkzehrer in unseren Beeten wie zum Beispiel Rosenkohl und Wirsing dankbar sind. Im September

Einer meiner Lieblinge: der bildhübsche Nesselbock.

ernte ich dann Samen und trockne sie. Die Samennüsschen sind wahre Energiepakete und schmecken geröstet über Salat oder Müsli. Zumindest mir. Ein Schraubglas voll davon gebe ich immer einer guten Freundin ab. Sie schwört darauf, dass die Samen gut für Haut und Haar seien.

Was wir bisher noch nicht getestet haben: Brennnesselspinat und Brennnesselsuppe. Aber ich bin wild entschlossen, nächstes Frühjahr endlich ein paar der jungen Blätter und Triebspitzen in den Topf zu werfen und zu kochen.

Disteln und Brennnesseln stehen mit ihrem Schicksal nicht alleine da. Die Liste der geächteten »Unkräuter« ist lang. Ich glaube, im Ranking kommt gleich danach der Giersch. Oder davor? Bei den meisten Gärtnern ist er gefürchtet, bei uns wächst er sehr manierlich in zwei Ecken, aus denen er sich kaum herausbewegt.

Irgendwann hatte ich eine gute Freundin zu Besuch. Sie ist ein regelrechter Giersch-Fan und macht daraus Suppen, Smoothies, Kräutersalz und was weiß ich noch alles. Wegen der Vitamine und der Mineralstoffe. Und wegen des Geschmacks. Wie immer, wenn sie zu uns in den Chiemgau kommt, spazierten wir zuallererst über das Grundstück, um Fauna und Flora in Augenschein zu nehmen. Am Ende unserer Besichtigungsrunde sah sie mich enttäuscht an und meinte: »Ihr habt aber wenig Giersch.«

Dieser Satz führte bei mir nicht nur zu einem mittleren Heiterkeitsanfall, sondern auch zu der Erkenntnis, mit dem richtigen Menschen befreundet zu sein. Und dem konnte in Sachen Giersch geholfen werden. Tatsächlich findet sich der Doldenblütler bei uns rund ums Haus kaum, dafür bildet er oben am Waldrand einen duftigen weißen Saum. Fünf Minuten später standen wir vor einem Meer aus Giersch, und meine Freundin war glücklich. Wir waren an diesem Tag nicht seine einzigen Besucher. Unzählige Schmetterlinge, Käfer und Fliegen labten sich an den winzigen

Blüten, während Spinnen auf der Unterseite der Dolden auf der Lauer lagen – auf der Jagd nach unaufmerksamen Insekten.

Wildkräuter, Beikräuter, Unkräuter? Was nun? Klar, Gundermann, Franzosenkraut, Vogelmiere und andere drängeln sich manchmal einfach frech zwischen junge Möhren, decken nackte Erde zu, wenn ich vergesse zu mulchen, oder kriechen über unsere Terrasse. Passen wir nicht auf, übernehmen die gewitzten Pflanzen an mancher Stelle die Herrschaft. Sie wachsen schnell, sind robust, gut an unser Klima angepasst und unseren Kulturpflanzen oft überlegen. Trotzdem tut man ihnen Unrecht, wenn man sie als Unkraut beschimpft. Sie haben eine ganze Menge zu bieten – man muss es nur sehen wollen.

Was Gärten über ihre Besitzer aussagen ...

Verbirgt sich hinter dem Schottergarten der deutsche Ordnungssinn? Die Sorge vor den Nachbarn? Oder ist es mangelnde Zeit für vermeintlich aufwändige Gartenarbeit? Und was verrät dann unser Garten?

Wolf-Dieter Storl, ein bekannter Kulturanthropologe und Ethnobotaniker, formuliert es in einem Artikel sinngemäß so: Der Garten ist der Spiegel desjenigen, der ihn gestaltet. Er reflektiert den geistigen und seelischen Zustand des Gärtners. Und weiter steht dort zu lesen: Derjenige, der seine Seelentriebe zurückdrängt, neigt dazu, Büsche und Bäume mit Eifer zu beschneiden, Sauberkeitsfanatiker zupfen jedes Unkräutlein aus und vergiften jedes Krabbeltier, und der sachliche Praktiker pflanzt bevorzugt einfache Sorten mit guten Erträgen.

Ich weiß nicht, was Herr Storl zu unserem Grundstück sagen würde, aber ich hoffe, es verrät etwas über unsere Liebe zur Natur und die Wertschätzung, die wir ihr entgegenbringen. Gut, möglicherweise auch ein wenig über das Chaos, das manchmal in meinem Kopf herrscht. Vor allem, wenn ich gerade an einem Buch arbeite. Da kann es schon passieren, dass ich in Gedanken versunken etwas einpflanze, einsäe, ausrupfe, abschneide, was so eigentlich nie geplant war …

Der Garten oder Balkon und seine Menschen gehören unweigerlich zusammen. Er ist so individuell wie seine Besitzer, erzählt von Einfallsreichtum, Sehnsucht, Liebe zur Natur, aber auch von Strenge oder Pragmatismus und manchmal von Zeitnot. Für den einen ist der Garten eine gute Möglichkeit, gesundes Gemüse anzubauen, für den anderen hingegen ein Ort der Regeneration oder des Rückzugs. Welchen Zweck er für den Einzelnen auch erfüllen mag – ein Garten ist immer ein vernetztes Biotop aus Pflanzen und Tieren, in dem Mensch und Natur zusammenwirken.

Für uns ist unser Garten so etwas wie ein Co-Working-Space, in dem wir mit der Natur zusammenarbeiten. Und wenn mal etwas nicht so klappt, wie wir uns das vorstellen, fragen wir uns, was sie uns damit zu verstehen geben will. Wie bei der Sache mit den Vogelbeerbäumen. Drei Mal hatten wir versucht, Ebereschen entlang unserer Einfahrt zu setzen. Vor meinem inneren Auge hatte ich schon prächtige Bäume mit roten Beeren gesehen, die im Spätsommer wunderbar leuchten würden. Aber es kam anders. Jedes Mal, wenn wir neue Bäumchen gepflanzt hatten, fingen sie kurz darauf an zu kränkeln und zu welken. Ausnahmsweise waren mal nicht die Wühlmäuse daran schuld. Dann hatten wir Schorf, eine Pflanzenkrankheit, in Verdacht, aber irgendwie sah das auf den Fotos im Netz anders aus. Blieb nur der Boden.

Doch daran, dass jemand bei uns heimlich Öl abgelassen oder Atommüll vergraben hatte, wollten wir nicht so recht glauben.

Somit war Aufgeben keine Option. Wäre doch gelacht! An jeder Autobahnraststätte wuchsen Vogelbeeren, da würden sie doch wohl auch bei uns gedeihen. Im nächsten Frühling ersetzten wir die Ausfälle, nur um festzustellen, dass die neuen Vogelbeerbäumchen dasselbe Schicksal ereilte. Beim dritten Mal hatten wir es dann schließlich auch verstanden. Für Vogelbeerbäume war der Platz, den wir ihnen zugedacht hatten, offensichtlich nicht geeignet. Wir vermuten mittlerweile, dass ihnen Staunässe und die starke Windexposition das Leben schwer machen. Ganz anders die Weiden, die den Platz der Vogelbeeren mittlerweile eingenommen haben, sie scheinen sich an dieser Stelle pudelwohl zu fühlen. Statt der roten Beeren im Herbst muss ich jetzt eben mit Weidenkätzchen im Frühling vorliebnehmen. Ich würde sagen: Es hat ein wenig gedauert, aber wir haben unsere Lektion gelernt.

Aus der Ferne ist die Hecke ein einziges (aber hübsches) Durcheinander ...

Kapitel 4

HECKEN
ZUM VERSTECKEN

Wilde Hecken sind spannend. Dicht gewoben, oft mit Dornen bewehrt, geben sie ihre Geheimnisse nicht auf den ersten Blick preis. Es raschelt und zischt, fiept und scharrt in diesem undurchdringlichen Geflecht. Man hört viel und sieht wenig – die beste Voraussetzung, um die menschliche Fantasie zu beflügeln.

Für unsere Vorfahren bargen Hecken Übergänge, geheime Türen in andere Welten und standen mit dem Göttlichen in Verbindung. Hecken versorgten sie mit Nahrung und Medizin, schützten vor Angreifern und dienten als lebendiger Zaun, um Weidevieh von den Äckern fernzuhalten. Und natürlich zeigten Hecken die Besitzverhältnisse an. Das ist bis heute so.

Mir haben es besonders die Hecken in Cornwall angetan, diese aufwändigen Steinkonstruktionen, die üppig bewachsen sind mit Bäumen, Sträuchern, Farnen und Blumen und diesem Landstrich sein charakteristisches Erscheinungsbild verleihen. Dreißigtausend Meilen Hecken soll es in Cornwall geben, einige davon angeblich über viertausend Jahre alt. Aber auch in Cornwall verschwinden immer mehr davon, genauso wie hierzulande. Die industrialisierte Landwirtschaft lässt keinen Platz für diese wichtigen Lebensräume. Jeder Zentimeter Boden muss ausgenutzt werden, die Landschaft maschinengerecht und einfach zu bearbeiten sein. Flurbereinigungsmaßnahmen nannte man das damals im Deutschland der Siebzigerjahre.

Mittlerweile findet wieder ein Umdenken statt. Mehr und mehr versteht man, was für eine wichtige Rolle Hecken in der Natur spielen. Sie dienen als Windschutz, befestigen mit ihrem Wurzelwerk Böden, schaffen ein eigenes Mikroklima und sind vor allem enorm wichtig für die Artenvielfalt. Und hübsch sind sie noch dazu.

Ehrlich gesagt kriecht mir immer eine Gänsehaut über den Rücken, wenn ich so eine typische »Agrarwüste« sehe – so weit das Auge reicht, Monotonie. Mais. Oder Raps. Oder Weizen.

Ganz anders eine Landschaft, die durch Hecken strukturiert wird. Das ist nicht nur wohltuend für unser Auge, sondern auch gut für Vögel, Insekten, Reptilien, Amphibien und kleine Säuger. Das dichte Gestrüpp vernetzt nämlich oft verschiedene Lebensräume miteinander und fungiert so als geschützte Wanderroute für Tiere. Hecken sind zudem sichere Rückzugs-, Schlaf- und Überwinterungsplätze, ein Schlaraffenland voller Nektar und Pollen, Früchten und Nüssen, und ein Platz, an dem Jungtiere großgezogen werden können. In einem meiner schlauen Bücher habe ich gelesen, dass das Verb »hecken« früher bedeutete »Junge auf die Welt bringen«. In diesem Fall waren wohl Vögel gemeint. Das Wort »Hecke« selbst stammt aus dem Althochdeutschen. »Hegga« bedeutet so viel wie hegen, umhegen, einzäunen.

Dornröschens Albtraum –
unsere lebende Hecke

Am Hang, neben der Zufahrt zu unserem Hof, steht eine Hecke. In der kalten Jahreszeit leuchten nur vereinzelte Hagebutten zwischen den Zweigen, aber im Frühsommer ist sie überzogen von einem Meer aus Blüten in Cremeweiß und Zartrosa. Ungefähr fünfzehn Meter misst dieser Hecken-Altbestand, der sich schon lange vor uns auf dem Grundstück in der Nähe der alten Obstbäume angesiedelt hatte. Nicht ganz so romantisch wie die Wallhecken in Cornwall, aber immerhin ein Anfang. Umschwirrt von Bienen, Rosenkäfern und allerlei Fliegenarten, mäandert das hübsche Gestrüpp ein kleines Stück den Hang entlang. Brombeeren und Wildrosen sorgen für einen undurchdringlichen Filz, Holunder, verwilderte Zwetschgenbäume, Hartriegel und andere Sträucher für das Gerüst.

Wir sind keine Hecken-Spezialisten, aber eines ist uns damals sofort aufgefallen: Rosen und Brombeeren schienen sich irgendwie miteinander arrangiert zu haben. Als hätten sie eine Art Lebensraumaufteilung vereinbart, belegen die Rosen ausschließlich die untere Etage der Hecke, die Brombeeren ranken darüber. Der Versuch, im Netz mehr über dieses Phänomen zu erfahren, förderte hauptsächlich eines zutage: die Abneigung vieler Menschen gegen derartigen »Wildwuchs«.

Von Ausrottung und Vernichtung ist da die Rede, fast schon martialisch die Versuche, die Pflanzen loszuwerden. Vom Abflammen, über Streusalz bis hin zur Behandlung mit Essig wird alles im Netz diskutiert. Wir hingegen bestaunten damals das gut sortierte Gestrüpp und seinen grünen Saum: Brennnesseln, Giersch und Gräser, an lichteren Stellen streckten Veilchen und Walderdbeeren ihre Blüten in die Sonne. Ein Gesamtkunstwerk, ein klei-

ner Kosmos, der vor Leben nur so brummte und zudem noch herrlich duftete.

Es gab nur ein winziges Problem: Im Herzen der Hecke befand sich ein doppelt gelegter Maschendrahtzaun, geschätzt weit über zwanzig Jahre alt und vermutlich ein Relikt des alten Bauerngartens, der sich an dieser Stelle befunden haben soll. In manchen Bereichen machte er ein Durchkommen selbst für Vögel oder kleine Säuger unmöglich. Wir beschlossen, ihn vorsichtig zu entfernen. Genauer gesagt hieß das, mein Mann kroch auf allen vieren in die dornige Hecke und zerschnitt und entfernte den Draht, so gut es ging, ohne dabei die Heckenstruktur zu zerstören. Ich musste das alte Zeug dann nur noch herausziehen und sammeln. Dass das nicht ohne Gegenwehr ablief, muss ich vermutlich nicht extra erwähnen. Seither wissen wir aus eigener, schmerzhafter Erfahrung, wie effektiv so eine Hecke ihre Bewohner vor Eindringlingen schützt. Unser Verbrauch an Desinfektionsmitteln und Pflastern ist in der Zeit rapide angestiegen, und wie übel selbst

Eine unserer liebsten Heckenbewohnerinnen ist die Weinbergschnecke.

die robustesten Arbeitsklamotten danach aussahen, will ich gar nicht erst beschreiben.

Aber der Einsatz hat sich gelohnt. Die Hecke ist der Lieblingsplatz von Amseln, Scharen von Spatzen und vielen anderen Vögeln. Kein Wunder, sie ist ja nicht nur ein sicherer Hafen, sondern auch gleichzeitig ein gut bestücktes Selbstbedienungsrestaurant. Es gibt Insekten in Hülle und Fülle, im Frühsommer Blüten, danach Holunderbeeren, Brombeeren und Hartriegelfrüchte und im Herbst schließlich Hagebutten und die leuchtenden Früchte des Gemeinen Schneeballs, an denen die Gimpel gerne naschen. Bestimmt holen sich auch Mäuse und andere kleine Säugetiere ihren Anteil an der Beute, aber diese scheuen Tiere bekommen wir kaum zu Gesicht.

Und noch etwas ist uns von Anfang an aufgefallen: die Weinbergschnecken. Unzählige von ihnen besiedeln unsere Hecke und den Saum drum herum. Bis zu acht Jahre können diese Giganten auf dem Buckel haben. Sie sind zudem äußerst standorttreu und bescheiden, was ihre Kost angeht: Am liebsten raspeln sie mit ihrer rauen Zunge an verwelkten Pflanzenteilen, Moos und Algen. Theoretisches Wissen, das ich mittlerweile durch eigene Beobachtung bestätigen kann. Bisher haben wir noch keine einzige dieser Super-Schnecken an unseren Gemüsepflanzen oder den Blumen erwischt. Für Kahlschlag in den Beeten und Kästen sind fast ausschließlich ihre unbehausten Vettern zuständig.

Weinbergschnecken werden von uns genauestens beäugt, in der Hoffnung, vielleicht irgendwann einen Schneckenkönig zu entdecken. Aber seine Hoheit, also eines dieser seltenen Exemplare mit links- statt rechtsgängig gedrehtem Haus, hat sich bei uns bisher leider noch nicht blicken lassen. Die leeren Schneckenhäuser lassen wir übrigens bis auf ein paar Ausnahmen an Ort und Stelle, weil sie begehrte Nistplätze für Wildbienen sind und sich auch sonst viele Krabbler über eine Fertigwohnung freuen.

Gemanagte Wildnis

Natürlich müssen auch wir unsere wilde Hecke ein wenig im Zaum halten. Ein- bis zweimal im Jahr rücke ich ihr mit der Schere zu Leibe. Eigentlich wollten wir uns nicht in das Geschehen einmischen, aber wir haben schnell festgestellt, dass uns diese Wildnis über den Kopf wächst, wenn wir sie nicht ein wenig managen. Zum ersten Mal konnte ich zumindest ansatzweise nachvollziehen, warum Menschen auf die seltsame Idee kommen, Brombeeren mit Feuer oder Streusalz zu bekämpfen. Denn dieses Rosengewächs ist wirklich wild entschlossen, sein Territorium möglichst zügig zu vergrößern. Die bogenförmigen Triebe und vor allem die Absenker – Ruten, die sich auf den Boden »senken« und dort dann Wurzeln treiben – entstehen gefühlt über Nacht.

Den groben Schnitt mache ich meist Anfang November, gelegentlich muss ich Ende Februar noch einmal nachbessern, wenn der Schnee zu viel Schaden angerichtet hat. In den Frühlings- und Sommermonaten entferne ich lediglich vereinzelte Triebe und Absenker, um die Heckenbewohner nicht zu stören.

Insgesamt versuche ich aber, in die wilde Grundstruktur – also unteres Stockwerk Rosen, darüber die Brombeeren – nicht zu stark einzugreifen. Die Natur wird sich schon etwas dabei gedacht haben, diese Hecke genau so anzulegen. Wir machen das seit fünf Jahren so, und das Ergebnis kann sich sehen lassen.

WANN WERDEN HECKEN GESCHNITTEN?

In der Zeit vom 1. März bis zum 30. September dürfen Hecken laut Bundesnaturschutzgesetz nicht stark zurückgeschnitten und nicht auf Stock gesetzt werden. Die Vorschrift dient dazu, brütende Vögel zu schützen. Ein schonender Form- und Pflegeschnitt ist hingegen das ganze Jahr über erlaubt. Bevor man die Schere ansetzt, sollte man sich aber immer vergewissern, dass sich kein Vogelnest im Gebüsch befindet.

Belohnt werden wir für unsere Mühe mit riesigen, süßen Brombeeren, die auf der Sonnenseite der Hecke fast drei Zentimeter groß werden. Liegt das an meiner rigorosen Pflege? Vielleicht. Was auch immer uns diese aromatischen Sammelsteinfrüchte beschert, denn das sind Brombeeren genau genommen, wir lassen sie uns schmecken. Ich muss allerdings ziemlich auf Zack sein, will ich einen Teil davon für meine Marmeladen retten. Wir teilen unsere Brombeeren nämlich nicht nur brüderlich mit Vögeln und Insekten, sondern auch mit unseren Gästen, die sich gerne durch unseren Garten naschen – mit blauen Fingern und einem zufriedenen Lächeln auf dem Gesicht.

Einmal gesammelt, müssen die empfindlichen Früchte schnell verarbeitet oder sonst eingefroren werden. Und das ist der Moment, an dem die Brombeeren zeigen, was sie draufhaben. Sie sind reich an Anthocyanen, Pflanzenfarbstoffen, die ihnen nicht nur ihre dunkle Farbe verleihen, sondern auch als äußerst gesund gelten, und liefern zudem viele Vitamine und Mineralstoffe.

Allerdings profitiere ich nicht wirklich von dieser gesundheitsfördernden Wirkung. Denn gefühlt steigt jedes Mal, wenn ich die Marmelade wegen der vielen Kerne passiere, mein Blutdruck. Wie sehr ich mich bemühe und wie viel Zeitungspapier ich auch auslege – meine Küche sieht danach immer renovierungsbedürftig aus. Violette Spritzer zieren die Arbeitsfläche und Küchenschränke, finden sich am Holzboden und an meinen Unterarmen. Entfernen lassen sie sich überall gleich schwer, und oft erinnert mich noch Wochen später der ein oder andere Fleck im Holz an die Brombeerschlacht. Aber Flecken, Mühe und Blutdruckspitzen lohnen sich: Jedes Mal, wenn wir im Winter ein Glas Brombeermarmelade öffnen, steigt uns der konservierte Duft des Sommers in die Nase.

Hecken selber machen

Die Zufahrt zu unserem Hof ist lang. Sehr lang. Erst ansteigend, fällt sie zum Haus hin wieder leicht ab. Besonders im Winter ist diese Konstellation eine ziemliche Herausforderung, weil wir zudem in einem »Windloch« wohnen. Das bedeutet ganz einfach: Kaum ist die Zufahrt geräumt, weht der Wind sie in kürzester Zeit wieder mit Schnee voll. Sisyphus lässt grüßen.

Nach unserem ersten Winter, dem Verschleiß einer Schnee-
fräse und unzähligen Anrufen beim lokalen Schneeräumer haben
wir uns dann einen Schneezaun angeschafft. Guter Plan, dachten
wir. Dann kam ein fast schneeloser Winter, und das quietschgrü-
ne Ungetüm stand nutzlos in der Gegend herum und flatterte im
Wind. Schnell waren wir uns einig, dass eine Hecke hermusste.
Dass wir mit dem Schneezaun trotzdem noch ein paar Jahre leben mussten, war uns klar, schließlich schießt so eine Hecke nicht
in ein paar Monaten aus dem Boden. Aber dann hätten wir wenigstens eine Perspektive. Noch dazu eine hübsche, die uns auch
in schneelosen Wintern kein Dorn im Auge sein würde. Sofort
wurden wir aktiv. Nach eingehender Recherche haben wir zuerst
eine Liste mit Sträuchern und Bäumen, die wir pflanzen wollten,
erstellt – heimisch und mit möglichst viel Nutzen für die Tierwelt sollten sie sein.

UNSERE HECKEN-FAVORITEN

(ein kleiner Auszug)

Weißdorn: Anspruchslos, wird von Wühlmäusen weitestgehend gemieden. Bietet Nahrung für eine Vielzahl von Insekten und Vögeln.

Berberitze: Ein echtes Schmuckstück im Garten, gute Bienen-/Hummelweide. Eher unpopulär bei Wühlmäusen.

Kornelkirsche: Nektar- und pollenreiche Blüten schon im Vorfrühling (Februar/März), was sie zu einer wichtigen Nahrungsquelle für Wild- und Honigbienen macht. Die Früchte sind beliebt bei Vögeln und fein zum Marmelademachen.

Holunder: Meine Liebe zum Holunder teile ich mit vielen Vogelarten. Anspruchslos, wächst schnell, Blüten duften herrlich. Holunderblütensirup schmeckt lecker!

Hasel: Tiefwurzler, gut zum Befestigen von Hängen, hohes Regenerationsvermögen. Bei uns sind die fettreichen Nüsse äußerst begehrt bei Tannen- und Eichelhäher, Buntspecht, Kleiber, Eichhörnchen und Mäusen.

Felsenbirne: Sehr winterhart, anspruchslos, braucht kaum Schnitt. Im Herbst leuchtend rot. Gute Bienenweide, die Beeren sind Leckerbissen für Vögel wie zum Beispiel Amseln.

Weide: Kann einfach durch Stecklinge vermehrt werden. Gehört zu den ersten blühenden Pflanzen im Jahr, Blütenkätzchen sind eine wichtige Bienenweide. Zudem wichtige Raupennahrungspflanze für viele Tag- und Nachtfalterarten. Eine interessante Variante ist die immerblühende Mandelweide, die bis in den Herbst hinein blüht und Pollen spendet.

Natürlich hängt die Auswahl der Pflanzen auch immer vom Standort, also Bodenbeschaffenheit und Klima ab.

Von links nach rechts und von oben nach unten: Berberitze, Kornelkirsche, Weißdorn und Wildrose.

Die Setzlinge für die Hecke holen wir wurzelnackt aus der Baumschule, und dann geht's ans Pflanzen.

Bewaffnet mit dieser Liste, sind wir in eine nahegelegene Forstbaumschule gestiefelt und haben Hasel, Berberitze, Weißdorn & Co. bündelweise gekauft. Die Pflanzen sind noch relativ klein, wurzelnackt (ohne Erdballen) und kommen in Gebinde von zehn, zwanzig oder auch mehr Stück. Das hat den Vorteil, dass sie relativ günstig sind und man sie verhältnismäßig einfach pflanzen kann. Denn während ich in den Wintermonaten die passenden Pflanzen recherchiert hatte, hat sich mein Mann in Sachen Pflanztechnik schlaugemacht und den professionellen Forstwirten ein wenig auf die Finger geschaut. Also landeten in unserem Anhänger auch noch zwei Hohlspaten. Ich verrate schon einmal so viel: Obwohl wir nur zu zweit sind, schaffen wir mit dieser Technik mittlerweile siebzig bis achtzig Sträucher und Bäumchen an einem Wochenende. Wohlgemerkt sind die dann nur – je nach Art – zwischen vierzig Zentimeter bis zu einem knappen Meter hoch. Für die größeren Bäume graben wir nach wie vor

84

ganz konventionell Löcher und basteln Wühlmauskäfige, um die Wurzeln wenigstens in den ersten Jahren ein wenig vor den scharfen Zähnen der Nager zu schützen. Aber dazu später mehr.

Wir haben uns also in der Forstbaumschule massenweise mit Pflanzen eingedeckt und losgelegt. Mit dem Hohlspaten wird ein Keil aus der Erde gestochen, leicht angehoben und die Wurzeln, die wir vorher etwas beschneiden, zwischen die steile Seite des Keils und das restliche Erdreich gesteckt. Dann wird der Keil wieder komplett in der Erde versenkt, festgetreten, fertig. Zum Schluss schlämmen wir alle Sträucher noch einmal ordentlich ein, das heißt wir gießen sie so lange, bis eine kleine Pfütze stehen bleibt. Das hat weniger mit der Wasserversorgung zu tun, als vielmehr mit dem Erdreich, in dem unsere Neuankömmlinge stehen. Das Wasser soll nämlich dafür sorgen, dass genug Erde an die Wurzelspitzen gespült wird und keine Luftlöcher bestehen bleiben. Langfristig würden die nämlich dafür sorgen, dass die Wurzeln an dieser Stelle vertrocknen.

Unsere letzte Amtshandlung an so einem Pflanztag ist die Dokumentation. In unserem grünen Buch halten wir fest, was wir wann und wo gepflanzt haben. Klar, am Anfang habe ich mir noch eingebildet, ich könnte mir alles merken. Aber der Arbeitsspeicher zwischen meinen Ohren war schneller voll als erwartet. Heute weiß ich, wie wichtig es ist, Aufzeichnungen zu haben und Pflanzungen und andere Aktivitäten auf dem Grundstück nachvollziehen zu können.

Und dann heißt es beten, dass die Wühlmäuse wenigstens ein paar Sträucher stehenlassen, denn die Wurzeln der Winzlinge schützen wir nicht mit Käfigen. Das wäre viel zu aufwändig. Stattdessen versuchen wir es bei der Neuanlage von Hecken mit einer anderen Strategie: Masse. Wir setzen deutlich mehr Pflanzen – in mehreren Reihen hintereinander und auch viel enger, als man das normalerweise tun würde.

Irgendwann an diesem Wochenende kam dann einer unserer Nachbarn angeschlendert. Er sah eine Weile interessiert zu, rieb sich das Kinn und fragte: »Wollt ihr hier eigentlich einen Wald anlegen?«

Nein, wollten wir nicht, aber versuchen, den Hunger unserer felligen Untermieter mit einzukalkulieren. Schließlich träumten wir von einer stattlichen Hecke, die im Winter den Schnee von unserer Einfahrt fernhalten und zudem möglichst vielen Tieren Schutz und Nahrung bieten sollte.

Plagegeist Wühlmaus

Unsere Wiesen sehen aus, als hätten sie die Pocken. Übersät mit Erdhügeln, die Oberfläche zerfurcht von Gängen. Vor allem nach dem Winter. Wühlmäuse sind tatsächlich ein großes Problem bei uns in der Gegend. Vor allem junge Wurzeln von Bäumen und Sträuchern, Blumenzwiebeln und diverses Gemüse stehen bei den Nagern hoch im Kurs.

MAUS IST NICHT GLEICH MAUS!

Die Spitzmaus gehört nicht zu den Mäusen, sondern ist mit dem Igel verwandt und wie er ein Insektenfresser und damit ein nützlicher Schädlingsvertilger im Garten. Und die Haselmaus? Ist auch keine Maus, sondern zählt wie der Siebenschläfer zu den Bilchen (auch Schlafmäuse genannt). Sie sehen ein wenig aus wie kleine Waldkobolde und knabbern gelegentlich an Obst und Nüssen, fressen aber auch Insekten.

Ich kann mich noch genau an unsere erste indirekte Begegnung mit den Wühlmäusen erinnern. Ihr Opfer: ein paar kleine Buchen, die wir oben bei uns am Waldrand ausgegraben und weiter unten dann wieder eingepflanzt hatten. Eine unserer ersten Amtshandlungen, kurz nachdem wir das Grundstück erworben hatten. Die Wildlinge wuchsen über den Sommer gut an, und wir waren stolz auf unseren Verpflanzungsversuch. Bis zu diesem Tag im April. Statt vier Bäumchen standen nur noch zwei. Die anderen beiden lagen auf dem Boden, chirurgisch perfekt von ihren Wurzeln getrennt. Im ersten Moment dachte ich, jemand hätte sie abgeschnitten, so glatt war die Kante. Erst bei genauerem Hinsehen konnte man Spuren von Zähnen erkennen.

Wir trösteten uns damit, dass wir ja immerhin noch zwei Kandidaten am Start hatten. Ein Irrtum, wie sich schnell herausstellen sollte, denn keine drei Tage später waren auch die letzten beiden Buchen den Wühlmäusen zum Opfer gefallen. Was tun? Wir sprachen mit befreundeten Bauern, Nachbarn, recherchierten im Netz. Gift oder Gas kam für uns auf keinen Fall infrage, auch nicht die Strategie, Glasscherben mit in die Pflanzlöcher zu geben. Schafe sollten angeblich helfen. Wühlmäuse mögen es nicht, wenn in ihrem Revier herumgetrampelt wird, und auch der Geruch der wolligen Haustiere liegt ihnen nicht sonderlich. Aber als Pendler kam diese lebende Großlösung für uns vorerst nicht infrage.

Trotzdem haben wir seit diesem ersten Vorfall viel dazugelernt. Eine wichtige Erkenntnis: Wir müssen Ausfälle einplanen und mengentechnisch entsprechend vorsorgen. Genau das machen wir, wenn wir Hecken pflanzen. Außerdem bauen wir für die größeren Bäume Käfige aus verzinktem Draht, um die Wurzeln zu schützen, und von Kartoffeln und Süßkartoffeln versuchen wir sie mit dem Anpflanzen von Knoblauch fernzuhalten. Vergorene Buttermilch, in die Gänge der Nager gegossen, soll ebenfalls helfen. Haben wir gehört und werden wir bestimmt auch mal versuchen.

Wenn gar nichts mehr hilft, dann greifen wir zu Fallen. Allerdings sehr selektiven Fallen, die wir mit Möhren, Sellerie oder Pastinaken bestücken. Diese Leckerbissen interessieren ausschließlich Wühlmäuse, Maulwürfe hingegen verschmähen die vegetarische Kost. Und das ist auch gut so, denn diesen nützlichen Buddlern wollen wir auf keinen Fall schaden.

HÄNDE WEG VOM MAULWURF!

Wurden Maulwürfe früher wegen ihres Fells gejagt, stehen sie heute unter Naturschutz. Es ist verboten, ihnen nachzustellen, sie zu fangen, zu verletzen oder zu töten. Wer dagegen verstößt, begeht eine Ordnungswidrigkeit, die je nach Bundesland mit bis zu 65.000 Euro geahndet werden kann. Allerdings stört naturnahe Gärtner ein Maulwurf nicht, denn sie wissen, dass ihnen dieser Nützling eine ganze Menge Schädlinge wie zum Beispiel Engerlinge vom Leib hält.

Und wir haben wilde Helfer. Das kleinste Raubtier der Welt, das winzige Mauswiesel, flitzt bei uns über die Wiese, Füchse buddeln nach den dicken Nagern, und auch die Marder holen sich ihren Anteil. Außerdem tragen die Nachbarskatzen und auch unser Hund zum »Populationsmanagement« bei.

Maßnahmen hin oder her – den Wühlmäusen fallen jedes Jahr eine ganze Menge Pflanzen zum Opfer. Wir versuchen, der Sache trotzdem etwas Positives abzugewinnen: Die emsigen Nager werfen bei ihren Wühlaktivitäten so viel Humus auf, dass wir nur mit Schubkarre und Spaten losmarschieren müssen, um Nachschub für unsere Beete zu holen. Zweckoptimismus, bestimmt, aber ohne den hätten wir wahrscheinlich schon längst aufgegeben, Sträucher und Bäume zu pflanzen und Gemüse anzubauen.

Totholzhecken – ein Hort des Lebens

Für die einen ist es ein Haufen Holz, für uns eine grandiose Möglichkeit, Baum- und Strauchschnitt sinnvoll zu verwenden und so ganz nebenbei etwas für die Artenvielfalt zu tun. Nicht, dass uns dieser Umstand von Anfang an klar war, unsere erste Totholzhecke war mehr ein Zufallsprodukt.

Wir hatten den Hof gerade gekauft, führten schier endlose Gespräche mit Statikern, Handwerkern und befreundeten Architekten über notwendige Sanierungsmaßnahmen. Das war wichtig, lehrreich und auch spannend, aber für unseren Geschmack sehr theoretisch. Wir wollten loslegen, anpacken, unseren Traum endlich mit den Händen greifen. Wände einzureißen, Beete oder Teiche anzulegen machte zu diesem Zeitpunkt noch keinen Sinn, also beschlossen wir, auf dem Grundstück wenigstens auszulichten – vor allem an den Grundstücksgrenzen, die hoffnungslos überwuchert waren. Zwar hatten sich die Nachbarn unsere Bäume und Sträucher bisher vom Leib gehalten, doch wir wollten ihre Toleranz nicht überstrapazieren. Also besorgten wir uns eine Sprühdose, streiften über das Grundstück und markierten alles, was weichen oder zumindest stark zurückgeschnitten werden musste. Bewaffnet mit Motorsäge, Astschneidern in verschiedenen Größen und Gartenscheren haben wir losgelegt und standen zwei Tage später vor Bergen aus Stämmen, Ästen und Zweigen. Ziemlich beeindruckend, was für eine Biomasse bei einer solchen

Auslichtungsaktion anfällt. Einen kleinen Teil davon schleppten wir zum Haus hoch und stopften unseren Anhänger damit derart voll, dass ich mir Sorgen um seine Achse machte.

Seltsam, wie ein Gehirn funktioniert. Erst als wir mit der ersten Fuhre Schnitt auf dem Weg zur Kompostierungsanlage waren, kam mir ein Wort in den Sinn, das unseren Hof nachhaltig prägen sollte: Benjeshecke.

Ich hatte irgendwann einen Artikel über diese Hecken aus Totholz gelesen und die Idee schon damals gut gefunden. Warum war mir das nicht früher eingefallen? Unser Grundstück war wie gemacht für solche Hecken, die beliebt bei vielen Tieren waren. Außerdem würden wir uns so die ganze Schlepperei und die Fahrten zur Kompostierungsanlage sparen.

ZU WERTVOLL FÜR DIE TONNE

Bei uns verlässt mittlerweile so gut wie keine Biomasse mehr den Hof. Für vieles, was wir so an vermeintlichem Abfall produzieren, gibt es eine gute Zweitverwertung: Baum- und Strauchschnitt wandern in die Hecke, Grasschnitt zum Mulchen auf die Beete, Gemüsereste auf den Kompost, Eierschalen und Kaffeesatz auf die Beete, Sägemehl dient der Schneckenabwehr, unbedruckte Kartons werden von Klebestreifen und Klammern befreit und zum Abdecken eingesetzt – vor allem, wenn wir stark wachsende Beikräuter loswerden oder ein neues Beet gewinnen wollen. Eine Ausnahme sind Blätter von kranken Bäumen oder Gemüsepflanzen, die mit einem Pilz oder Virus befallen sind. Solche Pflanzenreste müssen entsorgt werden.

Ich glaube, selten waren sich mein Mann und ich über etwas so schnell einig: Totholzhecken waren eine geniale Lösung. Unsere Nachbarn informierten wir vorab, schließlich wollten wir ihnen nicht einfach kommentarlos einen Holzhaufen vor die Nase setzen. Wir, die Neuen im Weiler, wurden sowieso von allen neugierig beäugt. Unsere Sorge, das Totholz-Projekt könnte bei ihnen auf wenig Gegenliebe stoßen, war unbegründet. Die Neugierde überwog, und die Tatsache, dass sie Vögel lieben, hat ein Übriges dazu beigetragen.

Den Verlauf unserer ersten Totholzhecke haben wir so festgelegt, dass wir einen Teil der Bäume und Büsche entlang der Grundstücksgrenze integrieren konnten. Diesen Altbestand hatten wir zwar bereits gestutzt, jetzt gingen wir aber noch einen Schritt weiter und setzten einige Sträucher wie Hasel oder Holunder »auf Stock«, das heißt wir schnitten sie komplett bis auf Kniehöhe zurück – eine Art »Verjüngungsschnitt«, der seit Jahrhunderten eingesetzt wird, um Feld- und Wallhecken zu pflegen und vital zu halten.

Durch dieses Auf-Stock-Setzen schlugen wir nämlich zwei Fliegen mit einer Klappe: Zum einen gewannen wir natürliche Stützen, die dem Holzstapel Halt geben würden, und zum anderen hatten wir so bereits erste lebende Pflanzen in der ansonsten noch toten Hecke.

Für zusätzliche Stabilität schlugen wir alle zwei Meter versetzt Holzpflöcke ein und begannen, das Material aufzuschichten. Zuunterst die dicken, großen Stämme, darauf die Äste, zum Schluss das Kleinzeug. Wir achteten darauf, das Holz nicht zu dicht zu packen, damit genug Zwischenräume und Verstecke für Vögel und Eidechsen entstanden. Gute fünfzig Meter war unsere erste Totholzhecke lang, was für einen Igel eine ziemliche Strecke ist, wollte er sie einmal ablaufen. Um es den Stachelrittern auf ihren Streifzügen leichter zu machen, ließen wir einfach alle paar

Meter kleine Durchgänge frei. Schließlich wollen wir, dass sich diese Nützlinge bei uns wohlfühlen und sich mit Schnecken, von denen wir mehr als genug haben, den Bauch vollschlagen.

Geduld, Geduld und noch mehr Geduld ...

So eine Totholzhecke ist Geduldssache. War unsere ursprünglich über einen Meter hoch, hatte sie ein knappes Jahr später schon einiges an Volumen eingebüßt – Wind und Wetter, Käfer, Pilze und Mikroorganismen sorgten zügig dafür, dass die Zersetzung in Gang kam und die Hecke an Höhe verlor. Nachschub ist glücklicherweise nicht unser Problem, also füllen wir sie einfach immer wieder auf.

Doch das Zusammensacken ist nicht die einzige Verwandlung, die Totholzhecken durchlaufen. Mit der Zeit verändern sie mehr und mehr ihr Gesicht. Zuerst siedeln sich Gräser und krautige Pflanzen an – allen voran Brennnesseln, dazu je nach Lage und Feuchtigkeit Mädesüß, Baldrian, Schöllkraut, Frauenmantel, Storchenschnabel und andere. Die Sträucher, die wir auf Stock gesetzt hatten, trieben zügig wieder aus und sorgten für erste grüne Farbtupfen. Zugegeben, die Sache mit dem Altbestand ist streng genommen Schummelei, denn eigentlich sollten sich die Sträucher von alleine in und an der Hecke ansiedeln. Das taten sie wenig später auch – dank der Vögel und Nager, die allerlei Samen in die Hecke eingetragen hatten. So verwandelte sich das aufgeschichtete Holz Schritt für Schritt in eine Struktur, in der das Leben nur so brummte.

Unser erster Neuzugang war ein kleiner Holunder, kurz darauf schob eine wilde Zwetschge ihre Zweige durch das Gestrüpp,

und auch ein Walnussbaum ließ sich bald nieder. An einer anderen Ecke steht mittlerweile ein junger Ahorn, und ein Hartriegel, den es bei uns fast überall auf dem Grundstück gibt, ist ebenfalls eingezogen.

Wenn wir schon bei den Geständnissen sind: Ich habe noch ein zweites Mal in die Besiedelung der Hecke eingegriffen und zwei Wildrosentriebe eingepflanzt, die ich woanders ausgerupft hatte. Sie sollten jenen Teil der Hecke, der entlang der Terrasse unserer Nachbarn verlief, verschönern – quasi als kleines Dankeschön. Mittlerweile sind drei Jahre vergangen. Die Rosen wachsen und ranken und verwandeln die Hecke jeden Frühsommer in einen blühenden Wall, der Bienen und andere Insekten anlockt.

Wo Wildwuchs gerne gesehen ist, sind natürlich auch die Brombeeren meist nicht weit. Die Nährstoffe, die so eine verrottende Totholzhecke zur Verfügung stellt, ziehen sie magisch an. An manchen Stellen lassen wir die stacheligen Ranken einfach wuchern und halten sie mit Schnittmaßnahmen im Zaum, an anderen reißen wir sie rigoros aus, um auch anderen Pflanzen eine Chance auf Entfaltung zu geben. Bisher geht das Konzept auf.

Mittlerweile zieren ungefähr hundertfünfzig Meter Totholzhecken in verschiedenen Begrünungsstadien unser Grundstück. Der unbändigen Gestaltungskraft der Natur bei der Arbeit zuzusehen ist faszinierend. Sie macht schon, wenn man sie nur lässt.

Wer wohnt in unserer Totholzhecke?

Ich würde lügen, wenn ich behauptete, alle Bewohner unserer Totholzhecken zu kennen. Vor allem die zahllosen Klein- und Kleinstlebewesen hausen weitestgehend unbemerkt von uns zwischen den Ästen, im und am Holz, unter der Borke und im Erdreich. Bestimmt sind dort auch eine ganze Menge Holzkäfer zugange, die fleißig am Holz knuspern. (Keine Sorge: Die vergreifen sich nicht an Holzmöbeln, dem Dachstuhl oder Ähnlichem. Für diese Käfer ist verbautes Holz viel zu trocken.)

Die größeren Tiere lassen sich deutlich besser beobachten, und manche von ihnen hinterlassen sogar Spuren. So wie die Ringelnatter. Zumindest gehen wir davon aus, dass es eine Ringelnatter war, die uns gleich im ersten Frühling, nachdem wir die Hecke angelegt hatten, ihr altes Kleid hinterlassen hat. Eine beeindruckende Schlangenhaut von gut achtzig Zentimetern Länge! Vollständig erhalten samt Kopf. Da war die Freude groß, schließlich besagt ein alter Volksglaube, dass Ringelnattern Glück und Segen bringen. Außerdem ist die scheue Froschjägerin in Deutschland geschützt. Da ist sie bei uns gut aufgehoben.

Ihr Geschenk habe ich mit ins Haus genommen und in ein Bücherregal gelegt. Wunderschön war sie, fand ich. Mit dieser

Meinung stand ich allerdings relativ alleine da. Nicht wenigen unserer Besucher jagte die Schlangenhaut stattdessen einen kalten Schauer über den Rücken. Also habe ich sie auf die Fensterbank in meinem Büro verfrachtet. Man möchte schließlich nicht für schrullig gehalten werden ... Ein großer Fehler, wie sich herausstellen sollte. Ein paar Wochen später bin ich ihr mit dem Staubsauger versehentlich zu nahe gekommen. Ein Schlürfen, ein kurzes Rasseln, und weg war sie. Ich schätze, unsere Freunde waren darüber nicht böse.

Junger Neuntöter.

Ein anderer, seltener Gast in unserer Totholzhecke ist der Neuntöter. Zuerst konnten wir diesen hübschen Vogel mit der dunklen Augenbinde einen Sommer lang direkt von unserem Schlafzimmerfenster aus beobachten. Allerdings, so befürchte ich, taugt auch er nicht für eine salonfähige Geschichte. Erzählen will ich sie trotzdem.

Ich beobachtete, wie der Neuntöter immer wieder die gleiche Stelle in der Totholzhecke anflog, begleitet vom wütenden Geschimpfe von Rotschwänzchen, die ein Nest unter dem Dach der Nachbarn hatten. Was tat er da? Mit dem Fernglas in der Hand habe ich auf seinen nächsten Anflug gewartet. Zuverlässig wie ein Uhrwerk tauchte er kurz darauf an der besagten Stelle auf. Es dauerte eine ganze Weile, bis ich verstand, was ich da sah: Teile eines Jungvogels, vermutlich ein Rotschwänzchen. Fein säuberlich an den kleinen Zweigen der Hecke aufgespießt. Ein typisches Verhalten für Neuntöter. Insekten, Mäuse und kleine Vögel werden erbeutet und zur Vorratshaltung beziehungsweise zur Bearbeitung auf spitze Zweige gespießt. Klingt brutal, genauso wie sein Name. Dass er zur Familie der Würger gehört, macht es auch nicht unbedingt besser. Ein Serienkiller ist der Neuntöter deshalb noch lange nicht, sondern ein typischer Heckenbrüter, der in den Siebziger- und Achtzigerjahren in Deutschland gefährdet war. Flurbereinigung und starker Pestizidgebrauch hatten ihm stark zugesetzt. Zum Glück haben sich die Bestände mittlerweile wieder stabilisiert, sonst hätten wir ihn wahrscheinlich nicht als Nachbarn gewonnen. Im letzten Jahr war er dann nämlich tatsächlich nicht nur Zaungast, sondern hat sich in einem unserer Brombeer-Gestrüppe am Rande des Grundstücks niedergelassen und dort drei Junge großgezogen. Gehört hatten wir sie schon eine Weile – sie klangen ein wenig wie kleine Raubvögel –, aber zu Gesicht bekamen wir sie erst, als sie bereits passable Flieger waren. Scheu und vorsichtig und immer unter Aufsicht der Eltern unternahmen sie erste Ausflüge, immer in unmittelbarer Umgebung ihrer »Heimat-Hecke«. Da die sich in direkter Nachbarschaft zu unserem Kartoffelbeet befand, bekamen wir die jungen Neuntöter eine Weile sehr regelmäßig zu Gesicht.

Wenn ich so darüber nachdenke, ist so eine Totholzhecke ein wenig wie Naturkino: Sucht man sich ein Plätzchen in der Nähe und sitzt still, bekommt man fast immer ein spannendes Programm geboten. Zaunkönige und Rotkehlchen, die lautlos durch die Zweige huschen, Amselmännchen, die mit viel Getöse und Imponiergehabe auf der Hecke zwischenlanden. Zauneidechsen aalen sich in der Sonne, ein Stockwerk tiefer ziehen Mäuse ihre Jungen groß. An den feuchten, schattigen Stellen, dort, wo sich auch die riesigen Weinbergschnecken gerne tummeln, duckt sich so manche gut getarnte Erdkröte am Boden. Es wuselt wie verrückt in diesem undurchdringlichen Geflecht, das einmal Abfall war.

Kapitel 5

BEETE –
FRIEDLICHE KOEXISTENZ

D as Basilikum auf der Fensterbank unserer Münchner Wohnung war lange Zeit so ziemlich das Einzige, was ich bis zur Sanierung unseres Hofes regelmäßig geerntet hatte. Und wenn ich so in die Gärten meiner Verwandtschaft schaue, scheint in der DNA unserer Familie kein nennenswerter Bereich für Gemüseanbau codiert zu sein. Wie kam ich also auf die Idee, dass ausgerechnet ich imstande wäre, aromatische Zucchini, knackige Möhren oder scharfe Radieschen zu produzieren?

Schuld daran war unser erstes Seminar, das wir bei Sepp Holzer besucht hatten. Der Krameterhof liegt hoch oben am Berg, in einer Gegend Österreichs, in der es viel regnet, die Winter lang und auch sonst die Bedingungen alles andere als einfach sind. Trotzdem wächst und sprießt es auf dem Hof üppig, Kürbispflanzen ranken über den Boden, riesiger Mangold steht stolz auf den Hügelbeeten, überall Kräuter in Hülle und Fülle. Paradiesisch.

Inspiriert vom Seminar verschlangen wir Bücher, abonnierten zu viele Garten-Blogs, machten einen Schnuppertag bei einem Biobauern in der Gegend um Rosenheim und waren schon bald davon überzeugt, dass wir es auch mit Gemüse versuchen wollten. In den Garten gehen, um Salat, Kohlrabi und Tomaten zu ernten – hundert Prozent Bio und frischer als alles Gemüse, das man kaufen konnte – das schien uns wahrer Luxus zu sein. Das Problem bei der Sache: Es fehlte uns nicht nur an praktischer Erfahrung, sondern auch an einigermaßen ebener Fläche auf unserem Grundstück. Zumindest gab es keine, die nah am Haus *und* in der Sonne lag.

Wir beschlossen, Terrassenbeete direkt unterhalb unseres Hofes anzulegen. Mit Trockensteinmauern, weil die Lebensraum für tierische Untermieter boten, und weil es zudem nach einer unkomplizierten Lösung klang. Was konnte schon so schwer daran sein, Steine zu Mauern aufzuschichten?

Die kurze Antwort: vieles, vor allem die Steine selbst. Das merkten wir schnell, als wir zu einem Steinbruch in der Nähe fuhren und uns der Besitzer vorrechnete, wie viel Tonnen (!) Nagelfluh (eine Gesteinsart) wir für unsere sechs Terrassenbeete brauchen würden. Ohne Bagger, der während der Sanierungsarbeiten am Haus quasi bei uns eingezogen war, und die tatkräftige Unterstützung unseres erfahrenen Bautrupps hätten wir wahrscheinlich bis heute keine Beete am Hang.

Hatten wir uns während der Arbeiten gelegentlich die Frage gestellt, ob sich der ganze Aufwand lohnte, möchten wir unsere Terrassen nun nicht mehr missen. Im Hochsommer morgens aufzustehen, das Schlafzimmerfenster zu öffnen und auf die bunte Pracht hinunterzublicken lässt unsere Herzen jedes Mal höherschlagen. Und wenn das Einkaufen wieder einmal zu kurz gekommen ist, gehe ich einfach in den Garten und schneide ab, was ich für ein leckeres Abendessen brauche.

Da waren sie also nun, unsere ersten Beete, und warteten darauf, zum Leben erweckt zu werden. Bestückt mit Humus, gemulcht, also mit einer Schicht Heu bedeckt, und geimpft mit ein paar Schaufeln Boden aus unserem Wald, der Schwung in das Mikro-Leben bringen sollte. Jetzt war ich an der Reihe. In einem Kar-

Frisch aus dem Beet auf den Tisch: So bunt ist die Ernte im Sommer.

ton gesammelt warteten die Samentütchen auf ihren Einsatz. Ein paar Wochen zuvor hatten wir einen Abend lang die Kataloge von Bio-Saatgut-Herstellern gewälzt und waren von der schier unendlichen Vielfalt überrollt worden. Einfach Karottensamen bestellen? Naiv! Schnell stellten wir fest: *Die* Möhre gibt es nicht, sondern spitz zulaufende und zylindrische, lagerfähige, gut durchgefärbte, mit oder ohne kräftiger Laubentwicklung, frühe und späte, genauso wie zig Kohl- und noch mehr Salatsorten, Rote Bete, die gelb oder geringelt waren, und mehr Zucchini-Sorten als wir uns hätten träumen lassen. Eine Vielfalt, von der man im Supermarkt nichts mitbekommt.

Bekanntlich bringt die Wahl auch immer die Qual mit sich. Am liebsten hätten wir alles bestellt. Der Karton mit den Samentütchen war schon gut gefüllt, noch bevor wir uns überhaupt erste Gedanken über die Beetplanung gemacht hatten. Alles, was wir wussten, war, dass wir Mischkultur mit vielen verschiedenen Gemüsesorten und dazwischen viele nützliche Blumen und Kräuter für Insekten haben wollten. Alte Sorten, die etwas aus der Mode gekommen waren, sollten genauso Platz finden wie unsere persönlichen Lieblingsgemüse, und der Klassiker der Permakultur, genannt »Three Sisters« – Bohnen, Mais und Kürbis –, durfte natürlich auch nicht fehlen.

DIE DREI SCHWESTERN –
eine Hand wäscht die andere

Die »drei Schwestern« ist eine Form der Mischkultur, die schon von den Ureinwohnern Südamerikas praktiziert wurde, weshalb sie auch oft Azteken- oder Indianerbeet genannt wird. Das Grundprinzip ist so einfach wie logisch: Man pflanzt drei Nutzpflanzen, die unterschiedliche Ansprüche an Nährstoffe haben, verschiedene »Etagen« im Beet besiedeln und die sich gegenseitig unterstützen.

Während der Mais in die Höhe wächst und den Bohnen so als Rankhilfe dient, produzieren diese im Gegenzug Stickstoff. Der sorgt für gutes Wachstum, auch beim Kürbis, der dafür mit seinen großen Blättern den Boden beschattet und so Austrocknung und das Aufkommen von Beikräutern reduziert.

Das war eine ganze Menge für eine blutige Anfängerin, aber ich machte mich mit Feuereifer an die Vorbereitung. Ganz ehrlich? Meine erste Beetplanung kostete mich eine Menge Nerven. Welche Gemüse vertragen und unterstützen sich, welche sind Stark- oder Schwachzehrer, und wie sieht es dann im Jahr darauf aus, es gab schließlich so etwas wie Fruchtfolge zu beachten. Unsere fünf Beete – eine der Terrassen hatten wir zu einem Sitzplatz umfunk-

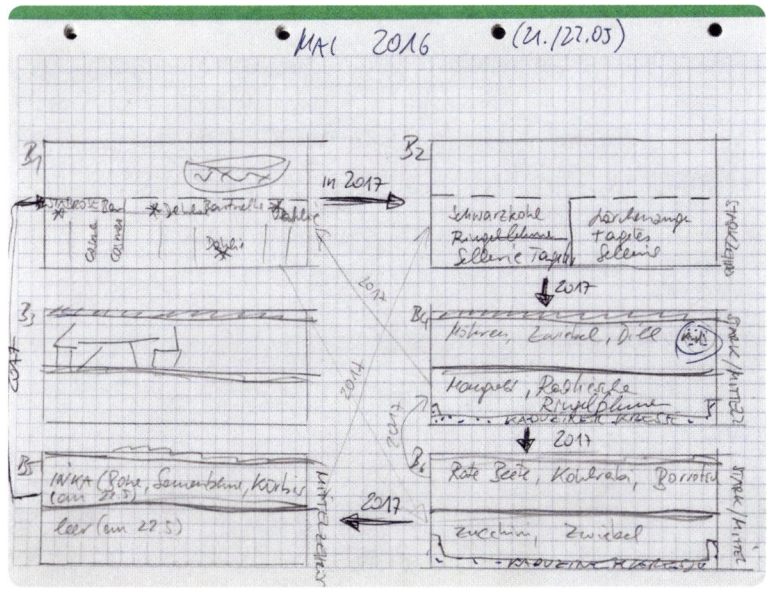

Erste Beetplanung, ganz klassisch per Hand ...

tioniert – schienen nicht genug Platz zu bieten für all das, was da in dem Karton wartete.

Natürlich gibt es für die Beetplanung Computerprogramme und Apps, die das alles berücksichtigen und einem die Arbeit abnehmen. Mir ging es aber weniger um das schnelle oder perfekte Ergebnis als vielmehr darum, zu lernen. Und das funktioniert für mich am besten mit Selbermachen. Bewaffnet mit Büchern und Listen machte ich mich an die Arbeit und stampfte tatsächlich eine ganz persönliche Beetplanung aus dem Boden. Jetzt hieß es nur noch warten, bis sich der Frost endgültig in die Berge zurückzog. Vor den Eisheiligen Mitte Mai sollte nämlich nichts im Beet stehen – das gehört hier in Bayern fast zur Allgemeinbildung. Selbst wenn warme Tage im April dazu verleiten, schon mal etwas ins Freie zu pflanzen, haben die »gestrengen Herren« oft noch einmal harten Nachtfrost im Gepäck, der Jungpflanzen

... und so sah die Umsetzung aus.

gefährlich werden kann. Da hilft nur warten oder die robusteren Vertreter in den Beeten mit Vlies schützen.

Überhaupt spielt das Wetter, seit wir den Hof haben, eine völlig andere Rolle für uns. Haben wir uns früher geärgert, wenn unser geplantes Outdoor-Programm von einer Regenfront torpediert wurde, beten wir mittlerweile, dass der Sommer nicht zu trocken wird. War ein Wintereinbruch im April ein willkommener Anlass für eine letzte Ski-Tour in den Bergen, bangen wir heute um unsere Obstbäume, die dann oft schon in der Blüte stehen. Eine normale Wettervorhersage reicht uns längst nicht mehr, wir checken mittlerweile regelmäßig das Regenradar und einen Wetterdienst für Landwirte – vor allem, wenn unsere Jobs uns mal wieder vom Hof fernhalten oder die erste Mahd im Juni fällig wird und wir eine längere Schönwetter-Periode brauchen.

Wer geht mit wem
ins Beet?

Die »Three Sisters« – Bohnen, Mais und Kürbis – waren irgendwie eine fixe Idee von mir. Mich faszinierte die smarte Art, wie diese Pflanzengemeinschaft auf mehreren Ebenen funktionierte. Also hatte ich dieser alten Mischkultur in meinem Plan ein halbes Beet ganz unten zugedacht, und genau das wollte ich als Allererstes anlegen. Drei Mal, und mit zunehmender Verzweiflung, hatte ich mich schon durch meinen Karton mit den Samentütchen gewühlt, aber Mais war nicht dabei. Seine beiden Beet-Mitbewohner, Stangenbohne und Hokkaido-Kürbis, hatte ich längst gefunden, aber ohne Mais als Rankgerüst machte das Azteken-Beet einfach keinen Sinn. Ich hatte offensichtlich in meinem Kaufrausch vergessen, Maiskörner zu bestellen. Jetzt blieb keine Zeit mehr, das nachzuholen. Also was tun? Mein Blick fiel auf die Tüte mit den Sonnenblumenkernen. Hohe, robuste Stängel konnten die auch, und noch dazu boten sie kräftige Blätter als Kletterhilfe. Außerdem mochten wir Sonnenblumenkerne.

Konnte das funktionieren? Ich ließ es auf einen Versuch ankommen, plante kurzerhand um und verpasste den drei Schwestern nicht ganz freiwillig einen neuen Twist. Irgendeinem Azteken-Gott muss die blumige Variante wohl gefallen haben, denn es funktionierte tatsächlich und sah zudem wunderschön aus. Ein paar Äste zum Hochranken hatte ich sicherheitshalber auch noch ins Beet gesteckt, weil ich eine zierliche Sorte Sonnenblume, aber dafür wuchs- und ertragsstarke Bohnen ausgesucht hatte. Trotzdem, das Beet mit den leuchtenden Sonnenblumen war eine Wucht und übertraf unsere Erwartungen. Alles wuchs und gedieh, und irgendwann war der Bohnen-Sonnenblumen-Kürbis-Dschungel so dicht, dass die Sache mit dem Ernten fast eine Herausforderung wurde. Zwischen den Stängeln, an den Blättern und Ästen baumelten mehr Bohnen, als wir jemals essen konnten. Also landete ein nicht unerheblicher Teil davon und der ein oder andere Kürbis in den Kochtöpfen unserer Familie, Freunde und Nachbarn. Die Sonnenblumenkerne haben wir auch geteilt, allerdings mit unseren gefiederten Freunden, den Distelfinken und Grünfinken, die irgendwann im Sommer das Beet für sich entdeckt hatten. Ein herrliches Schauspiel, wenn sie sich fröhlich schwatzend auf den Sonnenblumen niederließen und kopfüber von den Kernen naschten.

Von Mitte bis Ende Mai zog ich also Bahnen in den Mulch, um die Erde freizulegen, lockerte sie auf, säte aus und dokumentierte alles in unserem grünen Buch.

Zucchini mit Zwiebeln und Borretsch, den die Bienen lieben, Möhren, ebenfalls mit Zwiebeln und Dill, verschiedene Kohlsorten mit Sellerie, Tagetes (oder Studentenblume) und noch mehr Dill. Ringelblumen, weil sie hübsch und zudem gut für den Boden sind, Kohlrabi in zwei Farben gemeinsam mit Rote Bete in Rot und geringelt, Salate, Radieschen und Kapuzinerkresse, weil sie Schädlinge abhält und die Blüten und Samen köstlich schmecken. Dazu noch Kosmee, um etwas Rosa in die Beete zu bringen, und Mangold in drei Farben. Und das Azteken-Beet.

Wenn ich auf diese erste Saison zurückblicke, finde ich mich immer noch ziemlich mutig. Null Erfahrung, nur angelesenes Wissen, aber sofort eine Menge verschiedener Gemüsesorten am Start haben. Aber »einfach mal machen« war unser Mantra, seit wir den Hof hatten und dieses riesige Stück Land zu neuem Leben erwecken wollten. Mit dieser Tradition wollte ich nicht brechen. Sich schlaumachen ist natürlich extrem wichtig, aber irgendwann muss man dann auch loslegen, sonst kommt man nie von der Stelle.

Die Samen waren alle im Boden, jetzt hieß es warten. Am liebsten wäre ich jede Stunde zu den Beeten gerannt, um nachzusehen, ob die ersten Keimlinge schon ihre Blätter durch die Erde schoben. Berufliche Termine hätte ich in dieser Zeit am liebsten abgesagt, Starkregen und Temperaturstürze machten mich panisch. Irgendwann – nach ungefähr vier Tagen – war ich davon überzeugt, dass in den Beeten sowieso nichts wachsen würde. Und während ich nervös wie eine Grundschülerin vor dem ersten Schultag war, kam mein Mann Frank in diesen Tagen aus dem Grinsen über seine verrückte Frau gar nicht mehr heraus.

Doch plötzlich waren sie da. Winzige Erhebungen, die sich bei näherer Betrachtung als Pflanzenköpfchen erwiesen und sich zwischen den Erdkrumen hervorkämpften. Die Schnellsten waren – die Profis ahnen es – die Radieschen, die auch schon kurz darauf ihre ersten grünen Blätter in die Sonne streckten. Es mag vielleicht pathetisch klingen, aber für mich fühlte sich das wie ein kleines Wunder an.

Jedes Samenkorn, das ich in den Boden gebracht hatte, barg den Bauplan einer ganzen Pflanze. Und alles, was es gebraucht hatte, um sie zum Leben zu erwecken, waren Sonne, Erde und Wasser. Diese Faszination für das Werden und Entstehen hat mich bis heute nicht verlassen. Jede Saison renne ich wieder zu den Beeten und schaue nach. Mit einem kleinen Unterschied: In den letzten vier Jahren habe ich gelernt, ab welchem Zeitpunkt es wirklich Sinn macht.

GUTE BEETPARTNER –
ein paar Klassiker

- **Möhren & Zwiebelgewächse:** halten sich gegenseitig die Zwiebel- bzw. Möhrenfliege vom Leib

- **Kartoffeln & Tagetes:**
  Tagetes helfen gegen Fadenwürmer

- **Sellerie & Kohl:** Sellerieduft vertreibt die Kohlfliege, der Kohl schützt vor Sellerierost

- **Knoblauch & Erdbeeren:** Knoblauch wirkt bakterizid und fungizid und schützt Erdbeeren vor Pflanzenkrankheiten

Die Radieschen preschten vor, aber auch die anderen zogen schnell nach, und wir beobachteten fasziniert, wie viel Biomasse da in kurzer Zeit entstand. Unzählige Jungpflänzchen quetschten sich bald eng an eng in den Beeten und kämpften um die besten Plätze. Es war nicht zu übersehen, dass ich zu dicht ausgesät hatte, also musste ich ausdünnen und damit über Sein oder Nichtsein entscheiden. Keine leichte Aufgabe, meine Schützlinge einfach so auszurupfen. Einige, wie beispielsweise Mangold oder Palmkohl, landeten als »Baby-Leave« im Salat, andere im Pesto und der Rest auf dem Kompost. Schade.

Zu eng aussäen tue ich immer noch, weil ich mit der Zeit gelernt habe, dass es gar nicht schadet, ein paar Pflänzchen in Reserve zu haben – falls die Schnecken wieder einmal zuschlagen oder irgendein unbekannter Krabbler in Biber-Manier Stängel anknabbert. Seit zwei Jahren gibt es außerdem »experimentelle« Beete bei uns, in denen so manche überzählige Gemüsepflanze ein neues Zuhause findet. Das ist dann fast wie Vorziehen, nur eben zeitverzögert.

Tomaten auf Reisen

Vorziehen ist etwas, um das ich unsere Nachbarn, die Biobauern und Gemeinschaftsgärtner, ein wenig beneide: Im März, wenn es draußen noch kalt ist, bringen sie die ersten Pflänzchen in Töpfen auf der Fensterbank oder im Gewächshaus zum Wachsen und verschaffen sich so Vorsprung. Während wir im Juni unsere noch zarten Pflänzchen gegen Schnecken verteidigen und maximal ein paar Radieschen, Mairübchen oder einen Mini-Salat ernten können, herrscht beim Nachbarn schon üppiges Wachstum. Damit müssen wir uns abfinden, solange wir noch pendeln, denn während unserer Abwesenheit würden viele Keimlinge in ihren Töpfen einfach verdursten.

Irgendwann vor zwei Jahren kam dennoch der Tag, an dem ich das nicht mehr akzeptieren wollte, weil wir genug von den geschmacklosen holländischen Tomaten hatten.

Tomaten, so wurde uns gesagt, seien sensible Gewächse. Sie mögen keinen Regen und brauchen mindestens so viel Dünger wie Zuwendung. Ich winkte ab. Wer bei uns einziehen will, muss hart im Nehmen sein und auch mal eine Weile ohne uns auskommen. Die Lösung: Wildtomaten. Klein, aber sehr schmackhaft und ziemlich robust. Wie gemacht für uns! Im nächsten Frühjahr durchforsteten wir die Kataloge der Bio-Saatgut-Hersteller, und tatsächlich: Rote Murmel und Golden Currant wurden als »freilandgeeignete« Wildtomaten angepriesen. Was allerdings nur einen Teil unseres Problems löste, denn vorziehen musste man auch die, wollte man nicht erst im Herbst mit der Ernte beginnen.

Ich gab mich geschlagen. In unserer Tenne fand ich eine einigermaßen handliche Schale, befüllte sie mit Erde und säte die Tomatenkerne aus. Von da an pendelten wir zwei Monate lang mit Hund und Tomaten zwischen München und dem Chiemgau. Unsere Nachbarn in München staunten, wenn wir uns – die Hundeleine in der einen Hand, die Schale mit den Pflänzchen in der anderen – im Flur begegneten. Aber die Mühe war es wert: Nach den Eisheiligen konnten unsere ersten eigenen Tomatenpflanzen in ihr neues Zuhause umziehen: ein zum Hochbeet umfunktionierter Schlitten, der zwischen unseren Obstbäumen stand. Ihrer Wuchsfreude nach zu urteilen gefiel es ihnen dort, und schon im Juli landeten die ersten Wildtomaten auf unseren Tellern, Anfang November (!) die letzten. Die Früchte waren klein, aber zahlreich und sehr aromatisch.

Unsere Vorziehmethode klappte natürlich nur im kleinen Rahmen – da hätten wir sonst unseren Anhänger zum Glashaus umfunktionieren müssen –, aber immerhin hatten wir bewiesen, dass es funktionierte.

»Kauft doch die Pflänzchen einfach beim Gärtner«, war der pragmatische Rat einer Freundin. Klar, das könnten wir, es trifft nur den Kern der Sache nicht. Zwar lieben wir es, unser eigenes Gemüse zu ernten, aber fast noch schöner ist das Beobachten. Wenn aus einem Samenkorn über Wochen und Monate eine Pflanze entsteht, die uns dann einen Sommer lang mit ihren Früchten beschenkt – dieses Erlebnis kann man bei keinem Gärtner der Welt kaufen.

Wer soll das alles essen? Im Zweifelsfall die Schnecken!

Unsere erste Saison als Gemüsebauern war überraschend gut gelaufen, und so wagten wir uns über die Jahre an immer neue Sorten. Pastinaken kamen dazu, Blumenkohl, Brokkoli, Zuckererbsen, Fenchel … Mit der Zeit wuchs aber nicht nur die Zahl der Gemüsesorten, sondern auch unsere Erfahrung – zwar nicht ganz so schnell wie die Radieschen, aber immerhin stetig.

Wir haben beispielsweise schnell gelernt, dass man sich über die erste Zucchini im Beet freut, aber schon bald nicht mehr weiß, wohin mit den grünen Walzen. Sechs Pflanzen waren definitiv zu viel für uns! Außerdem lernten wir, dass man Zucchini am besten jung erntet, sonst liegen sie schon am nächsten Tag als Torpedos im Beet. Was »ertragsstark« bei Bohnen meint, haben wir genauso im praktischen Experiment ausgelotet wie die enorme Wuchsfreude von Mangold. Eine lange Beetreihe Mangold sieht zwar hübsch aus, sorgt aber für Monokultur auf dem Teller. Genauso, wenn man alle Salate, Radieschen und Kohlrabi gleichzeitig aussät. Die sind dann nämlich auch alle zur gleichen Zeit erntereif. Sequenzielles Aussäen macht zwar mehr Arbeit, aber hilft. Dann freut man sich auch noch über das hundertste Radieschen.

Durch Beobachten zu lernen gehört dazu, genauso wie Lehrgeld zahlen – auch beim Gemüseanbau. Ich möchte fast wetten, dass jeder Hobbygärtner dazu Geschichten erzählen kann. Das ist bei uns nicht anders.

Unwissend eine ganze Reihe Pastinaken-Keimlinge ausrupfen? Klar! Dafür werde ich jetzt nie mehr vergessen, wie die Winzlinge aussehen. Ein wenig Beikraut zwischen den frisch gekeimten Möhren zupfen? Schlechte Idee. Die haarfeinen Pflänzchen verlieren schnell an Bodenhaftung und gehen kaputt. Durch solche Fehlschläge lernen wir Jahr für Jahr mehr darüber, was unsere Pflanzen brauchen, was sie nicht mögen oder was ihnen vielleicht sogar schadet.

Rucola mit kleinen, kreisrunden Löchern fanden wir beim ersten Mal noch witzig. Auch als wir im Netz nachforschten und herausfanden, dass Erdflöhe, winzige Käfer, solche Löcher ins Grün stanzen, waren wir noch nicht sonderlich besorgt. Der Rucola hat die Käfer-Attacken überlebt, die Radieschen-Keimlinge hingegen nicht. Was unternahmen wir dagegen? Nicht viel, nur die Erde an der befallenen Stelle öfter mal hacken und noch mehr mulchen, weil Erdflöhe Feuchtigkeit angeblich nicht mögen. Und wir haben natürlich nachgesät. Chemie kam für uns nicht infrage, lieber verzichteten wir eine Saison lang auf Radieschen. Mussten wir aber gar nicht. Die zweite Charge kam und produzierte herrliche rote Früchte. Dass die Blätter wegen der Flöhe etwas zerzaust aussahen, störte uns nicht.

Nicht ganz so tolerant sind wir bei Nacktschnecken, das gebe ich ehrlich zu. In unserem ersten Gartenjahr waren wir von den gefräßigen Schleimern einigermaßen verschont geblieben. Denn ab Mai gab (und gibt es noch immer) einen zusätzlichen Punkt in unserem Tagesablauf: Schnecken absammeln. Ausgerüstet mit Taschenlampe, Handschuhen und einem ausrangierten Joghurteimer geht es hinaus in die Nacht. Macht nicht jedem Spaß, vor allem, wenn man nach einem guten Abendessen satt und müde am Tisch sitzt, aber es ist sehr effektiv. Die Verluste in unseren Beeten waren anfangs minimal, und so konnten wir gar nicht verstehen, warum unsere Nachbarn über die Schneckenplage jammerten. Im Jahr darauf änderte sich das schlagartig. Vermutlich hatten uns die neuen Beete etwas Karenzzeit verschafft, aber nachdem die Schnecken erst einmal in unseren Steinmauern eingezogen waren und es sich dort gemütlich gemacht hatten, landeten auch wir schneckentechnisch hart in der Realität. Angenagte Kohlpflänzchen, eine halbe Reihe abrasierter Möhren-Keimlinge, Löcher im Salat. Wir sammelten und sammelten (nein, wir töten die Schnecken nicht, sondern setzen sie auf einer weit entfernten Wiese wieder aus), und jedes Mal, wenn wir aus München zurück auf den Hof kamen, stürmten wir als Erstes zu den Terrassenbeeten, um zu sehen, ob von unserem Gemüse noch etwas übrig war. War es, aber entspannt war anders. Also installierten wir einen Schneckenzaun rund um die Beete. Den können die Biester nur schwer überwinden, und wenn wir zusätzlich noch das ein oder andere Mal absammeln und unsere tierischen Nachbarn fleißig durch die Beete patrouillieren, dann haben wir die Situation einigermaßen im Griff.

Nachts durch die Beete zu stöbern, wenn die Schnecken am aktivsten sind, macht mir nichts aus, ganz im Gegenteil. Die Luft ist dann meist angenehm kühl und feucht, es duftet nach Blüten und Heu. Im Wald oberhalb rufen die Käuzchen, Fledermäuse flattern auf der Jagd nach Beute im Himmel. Der Lichtkegel der Taschenlampe entführt in eine magische Welt, die tagsüber den Augen verborgen bleibt.

Schillernde Regenwürmer räkeln sich entspannt auf dem Mulch, erschreckt man sie, ziehen sie sich blitzartig in ihre Röhren zurück. Manchmal begegne ich einem Mondvogel, einem großen, silbrig schimmernden Nachtfalter, der mit angelegten Flügeln fast wie ein abgebrochener Birkenzweig aussieht. Käfer, Hundert- und Tausendfüßer, Ohrenkneifer und unzählige winzige Wesen, deren Namen ich nicht einmal kenne, flitzen über die Erde und suchen Deckung vor meinem Lichtstrahl. Fesselnd, diese nächtliche Betriebsamkeit in den Beeten.

Es ist auch die Zeit, in der wir regelmäßig ein paar ganz besonderen Geschöpfen begegnen. Dem hübsch gemusterten Tigerschnegel beispielsweise. Ihren wissenschaftlichen Namen *Limax maximus* trägt diese Nacktschnecke mit Raubkatzen-Print zu Recht, denn sie kann bis zu zwanzig Zentimeter lang werden. Der gigantische Schnegel ist einer unserer wichtigsten Verbündeten in den Beeten, denn er liebt Schneckeneier und scheut angeblich auch nicht davor zurück, mit deren Erzeugern kurzen Prozess zu machen. Genauso wie die Erdkröten. Obwohl ich weiß, dass sie da sind, und mich über ihre Anwesenheit freue, erschrecke ich trotzdem jedes Mal, wenn sich plötzlich etwas Großes an der Steinmauer bewegt. Besonders, wenn die Königin unserer Terrassenbeete unterwegs ist: Kühlwalda.

Kühlwalda, die ihren Namen einer Fernsehserie aus meiner Kindheit verdankt, ist geschätzt fünfzehn Zentimeter groß und vermutlich ziemlich alt. Während die kleineren Kröten es oft eilig haben, sobald ich auftauche, sitzt sie nur da, wie eine alte, runzelige Frau, und sieht mich aus ihren schwarzen Augen wissend an. Ich lasse Ihre Majestät dann in Ruhe und suche woanders weiter nach Schnecken. Kehre ich ein paar Minuten später zurück, ist sie weg, und ich frage mich jedes Mal, wo sie wohl ihren Palast hat.

Und noch jemanden gibt es, dem wir fast ausschließlich nachts begegnen: den Igel. Wir hören ihn zwar gelegentlich auch tagsüber in unserer Totholzhecke neben den Beeten rumoren, zu Gesicht bekommen wir ihn aber nur nachts. Da wagt er sich dann mitunter sogar bis in unsere Zufahrt. Auch er ist ein guter Nachbar, der mithilft, die Schneckenpopulation in überschaubarem Rahmen zu halten. Würden wir nicht gelegentlich nachts durch die Beete streifen, wir hätten unsere nützlichen Untermieter in unserer Steinmauer wohl nie kennengelernt.

Tierische Helferlein

Der Kohlweißling trägt seinen Namen nicht umsonst. Im Sommer wird dieser Schmetterling von unseren Kohlpflanzen magnetisch angezogen. Dabei ist der Kerl nicht sonderlich wählerisch bei der Auswahl seiner Kinderstube. Er heftet seine Eier genauso gerne an Rosenkohl wie an Spitzkohl, Wirsing oder Brokkoli. Spätestens ab Juli und bis hinein in den Oktober halten wir Ausschau nach den gefräßigen Raupen, die dann aus den Eiern schlüpfen. Gar nicht so einfach, denn die kleine Raupe Nimmersatt ist genauso grün wie der Kohl selbst und zudem eine Meisterin im Verstecken.

Irgendwann fiel uns auf, dass sich augenfällig oft Blau- und Kohlmeisen zwischen und auch auf den Kohlpflanzen herumtrieben. Die würden doch nicht …? Und zum ersten Mal in meinem Leben machte ich mir Gedanken darüber, woher die »Kohl-meise« wohl ihren Namen hatte. Wir legten uns mit dem Fernglas auf die Lauer und wurden schon bald für unsere Geduld belohnt. Eine Blaumeise landete im Beet und hüpfte neugierig die Kohlreihe entlang, als würde sie die Pflanzen inspizieren. Einmal kurz hochgeflattert, und eine Sekunde später verschwand sie mit einer grünen Raupe im Schnabel in unserem Quittenstrauch. Mich plagte fast das schlechte Gewissen, als ich anschließend die restlichen Raupen-Snacks vom Kohl absammelte. Nur die Gewissheit, dass ich bestimmt eine Menge der gut getarnten Raupen übersehen hatte, beruhigte mich. Übrigens, ich habe es recherchiert: Die Kohlmeise trägt ihren Namen wegen der schwarzen Kopfzeichnung …

DAS KLEINE EINMALEINS DER NÜTZLINGE

Zum Glück muss man sich im Garten nicht um alles selbst kümmern. Es gibt eine ganze Reihe kleiner Helfer, die uns Arbeit abnehmen und dafür sorgen, dass Pflanzen besser gedeihen und die Ernte gut ausfällt. Wer in seinem Garten auf Gift verzichtet und es mit der Ordnung nicht immer so genau nimmt, schafft gute Voraussetzungen, dass sich die tierischen Mitarbeiter wohlfühlen und mit anpacken.

- **Marienkäfer:** sind nicht nur hübsch, sondern vertilgen auch fleißig Blattläuse. Die Larven sind sogar noch hungriger als die Käfer.

- **Florfliege:** Die grün schimmernde Fliege hat Blattläuse ebenfalls zum Fressen gerne. Besonders ihr Nachwuchs (Larve) verspeist Unmengen an Blattläusen.

- **Laufkäfer:** machen meist nachts die Gegend unsicher und ernähren sich bevorzugt von Schneckeneiern, Milben, Kartoffelkäferlarven und Drahtwürmern.

- **Schlupfwespe:** eine Art Mini-Wespe mit schlanker Taille und charakteristischem Legestachel (für Menschen ungefährlich!). Schlupfwespen »deponieren« ihre Eier in anderen Insekten oder deren Larven. Die Eier entwickeln sich dort zu Larven, und der Wirt stirbt ab.

● **Wildbienen, Hummeln, Schwebfliegen, Käfer:**
Fast neunzig Prozent aller Wild- und Kulturpflanzen
werden von Insekten bestäubt. Insekten sind für unsere
Ökosysteme unersetzlich.

Es sind allerdings nicht nur die Honigbienen, die für
die Bestäubung wichtig sind. Wildbienen, Hummeln,
Schwebfliegen, Käfer und so weiter sind in Sachen
Bestäubung mindestens genauso unverzichtbar.
Auch hier ist Vielfalt enorm wichtig!

Die Meisen sind nicht die Einzigen, die uns mit ihren Einsätzen
aus der Luft unterstützen. Besonders die Rotschwänzchen, Franks
Lieblingsvögel, sind Luftakrobaten und wahre Meister im Insek-
tenfangen. Elegant tanzen sie durch die Luft und schnappen sich
geschickt ihre Beute. Elegant wäre nicht unbedingt das Wort, das
mir im Zusammenhang mit Spatzen in den Sinn käme. Eher das
Bild einer fröhlichen Bodentruppe, die durch den Mulch stöbert
und dort wild durcheinanderschwätzend nach Sämereien und Insekten sucht.

»Habt ihr keine Angst, dass die euch alle Gemüsesamen aus
dem Beet holen?«, wurden wir von einer Freundin und erfahrenen Hobbygärtnerin gefragt. Ehrlich gesagt hatten wir uns bis zu
diesem Zeitpunkt noch nie Gedanken über Samenraub gemacht,
denn Ausfälle gab es kaum. Wir vermuten eher, dass die Spatzen
es auf die Samen abgesehen haben, die im Mulch zu finden sind.
Schließlich ist der nichts anderes als das Heu von unseren abgeblühten Wiesen und somit voller Samen. Und noch jemand
wühlt sich gerne durch den Mulch in den Beeten, allerdings deutlich rabiater: die Amseln. Wir brauchen den Vogel selbst gar nicht
zu sehen – wenn der Mulch in hohem Bogen durch die Luft fliegt,
dann wissen wir, wer da bei der Arbeit ist. Schnecken, Käfer und

Ab August bricht Chaos aus in unseren Beeten, und wir lassen es zu: Die wuchernden Kräuter locken zahlreiche Insekten an.

Würmer, die es sich unter der Mulchschicht bequem gemacht haben, müssen sich dann in Acht nehmen.

Wir mögen unsere gefiederten Nachbarn. Sie helfen nicht nur bei der Schädlingsbekämpfung mit, sondern säen auch an unerwarteten Stellen Sonnenblumen, Eicheln und Walnüsse aus, hinterlassen so manche schillernde Feder und singen zudem wunderschön. Die meisten zumindest. Wenn wir für all diese freiwilligen »Dienstleistungen« ein Schälchen Johannisbeeren oder eine Handvoll Sonnenblumenkerne abgeben müssen, ist das nur fair. Außerdem teilen wir gerne.

Apropos teilen: Letztes Jahr hatte sich ein Dachs, zumindest vermuten wir das, an unserem Mais bedient. Zwei Nächte hintereinander hat er – sehr maßvoll – jeweils einen Kolben stibitzt, die Hüllenblätter aufgerissen und die süßen Körner noch vor Ort verputzt. Die Reste seines nächtlichen Mahls haben wir dann am nächsten Morgen gefunden. Er war so freundlich, vorsichtig zu ernten – die betroffenen Maispflanzen standen im Beet, als wäre nichts gewesen. Nach zwei Nächten hatte er offensichtlich genug vom Mais und zog weiter. Nicht ohne vorher noch ein großes Wespennest, das auf dem Weg zu den Beeten in der Erde verborgen lag, auszuheben. Bei seiner Morgenrunde mit Leopold entdeckte Frank das beeindruckende Loch, in dem noch Wabenreste und tote Wespen zu sehen waren. Nicht auszudenken, wenn unser Hund oder einer von uns in dieses Nest getreten wäre … Insofern erschienen uns zwei Maiskolben ein durchaus gerechter Lohn für den tierischen Kammerjäger zu sein.

Die Sache mit dem Nagelfluh

Unseren Gemüsegarten einzig als Produktionsstätte für Möhren oder Salat zu gestalten war nie der Plan. Wir wollten versuchen, jeder Struktur, die wir auf dem Hof neu erschufen, möglichst auch einen Nutzen für die Natur zu geben. Deshalb hatten wir uns ganz bewusst für Steinmauern mit all ihren Ritzen und Spalten entschieden, weil sie Unterschlupf für Tiere wie Zauneidechsen, Blindschleichen oder Erdkröten bieten. Und ja, leider auch für Nacktschnecken, aber eben auch für ihren Jäger, den Tigerschnegel.

Den Stein, den wir verbauten, hatten wir ebenfalls bewusst gewählt. Uns war wichtig, etwas Lokales statt der oft in China produzierten Granitblöcke zu verwenden, also entschieden wir uns für Nagelfluh aus einem Steinbruch nur ein paar Kilometer entfernt von uns. Nagelfluh ist ein Konglomerat aus Erosionsmaterial, das mit einer Art Kitt »verbacken« ist.

Die Mauern aus heimischem Nagelfluh sind ein toller Lebensraum für Eidechsen, Blindschleichen, Erdkröten und viele mehr.

Wie gut diese Entscheidung war, verstanden wir erst nach und nach. Über die Zeit beobachteten wir nämlich immer wieder Wildbienen und Solitärwespen, die in den Hohlräumen des Nagelfluhs nisteten. Die Mini-Bienen flogen im Pendelbetrieb zwischen Blüten und Steinmauer hin und her und verschwanden mit voll beladenen Pollenhöschen in den kleinen Löchern. Aber der Nagelfluh bietet offensichtlich noch mehr als Nistmöglichkeiten. Zu seiner typischen Struktur gehören nämlich auch tiefere Kuhlen, in denen nach einem Regenschauer das Wasser stehenbleibt, und die werden von Insekten gerne als Tränken genutzt.

Nach unseren ersten beiden Jahren als Gemüsebauern mussten wir uns eingestehen, dass unsere Augen deutlich größer waren als unsere Mägen, sogar, wenn man unsere Familie und Freunde noch mitzählte. Also beschlossen wir, eines unserer Terrassenbeete umzufunktionieren und dort Samen auszusäen, die wir im Jahr zuvor selbst geerntet hatten: Ringelblumen, Borretsch, Dill, Sonnenblumen, Tagetes und Kosmee, dazu kauften wir noch ein paar Kornblumen- und Kamillensamen. Das Beet war schnell angelegt, und nun hieß es geduldig warten, wie unser »McFly«-Restaurant bei der Insekten- und Vogelwelt ankam. Gäbe es für eine solche Restauranteröffnung Rezensionen in der lokalen Presse, ich glaube, wir hätten gut abgeschnitten. Anständige Hausmannskost, große Portionen, freundliches Personal, und das Auge isst mit …

Und selbst wenn sich die Insekten und Vögel nicht so zahlreich eingefunden hätten, wäre unser neues Beet ein Gewinn gewesen. Gewoben aus den Farben der Blüten und den Strukturen der Blätter, lag es wie ein kostbarer Teppich in seiner Steineinfriedung.

Dass es darüber hinaus auch noch als Jugendherberge fungieren könnte, ahnten wir zu diesem Zeitpunkt nicht. Irgendwann im August fielen mir plötzlich ein paar abgefressene Dillstängel auf, und wer immer da am Werk gewesen war, hatte seine Arbeit sehr gewissenhaft erledigt. So etwas war mir vorher noch nie begegnet. Neugierig inspizierte ich die kahlen Stängel, auch die unversehrten Dillpflanzen und die Möhren in unmittelbarer Nachbarschaft. Es dauerte nicht lange, bis ich die Übeltäter ausfindig gemacht hatte: zwei riesige Raupen, die aussahen, als wären sie den psychedelischen Sechzigern entsprungen – neongrüner Grundton, schwarze Streifen, orange Punkte. Ich bin zwar keine Insektenkundlerin, aber diese bunte Raupe hatte ich schon einmal gesehen. Daraus würde, wenn alles gut lief, ein Schwalbenschwanz werden, eine besonders geschützte Art. Ein ausgesprochen schöner und beeindruckend großer Tagfalter, der bis zu acht Zentimeter Spannweite erreichen kann. Wir hatten ihn bisher jeden Sommer bei uns am Hof gesichtet und fühlten uns geschmeichelt, dass er ausgerechnet unsere Beete als Kinderstube ausgesucht hatte.

Das Problem war nur, dass wir die Futterpflanzen der Raupen irgendwann gerne ernten wollten. Glücklicherweise wuchs in unserem McFly-Beet massenhaft Dill, weil ich dieses Küchenkraut nicht nur gerne verwende, sondern auch die Blüte sehr charmant finde. Also starteten wir kurzerhand ein Umsiedlungsprogramm und verfrachteten die beiden Raupen dorthin, wo sie bis zu ihrer Verpuppung ungestört am Dill naschen konnten.

Das Beet räumten wir im Herbst nicht leer, denn sofern die beiden nicht Vögeln zum Opfer gefallen waren, hingen sie wahrscheinlich als Puppen dort irgendwo an einem Stängel. Und die Schwalbenschwanz-Puppen sind garantiert nicht die Einzigen, die dieses Beet als Rückzugsort zum Überwintern nutzen. Natürlich, wie ein kostbarer Teppich sieht das Beet spät im Jahr nicht mehr aus, es erinnert eher an einen braunen, verfilzten Flokati. Und auch in Sachen Gemüseanbau – wir legen das Beet jedes Jahr auf einer anderen Terrasse an – ist dieses Vorgehen vermutlich nicht optimal, aber all das stört uns nicht. Zu sehr freuen wir uns darüber, wenn der majestätische Schwalbenschwanz bei uns durch die Luft segelt.

Experimente?
Ja, bitte!

Unser erstes kleines Experiment in Sachen Beete war nicht ganz freiwillig und meiner Unerfahrenheit geschuldet. Salat, wohin das Auge blickte: Eichblatt, Batavia, Eisberg, Lollo Rosso. Wir hätten mindestens drei Mal täglich Salat essen müssen, um dieser Flut Herr zu werden. Unmöglich. Also ließen wir ein paar Köpfe stehen und ausblühen. Wer weiß schon, wie ein Salat aussieht, wenn er nicht geerntet wird?

Unsere eigenen Samen
für das McFly-Restaurant.

Die Schwalbenschwanzraupe –
mein Star im wilden Paradies.

Wilde Experimente:
Blühender Palmkohl, Salat-
bäumchen, blühender
Salat und eine Quinoa-Rispe.

Ich verrate es: wie ein Tannenbäumchen. Wirklich hübsch.
Und dann zeigen sich oben an der Spitze zarte gelbe Blüten. Aus
Neugierde haben wir über die Jahre dann verschiedene Gemüse
ausblühen lassen – Radieschen, Mangold, Fenchel, Rhabarber
mit seinen majestätischen Riesenblüten, verschiedene Kohlarten.
Im letzten Frühjahr stand noch Palmkohl auf einer der Terrassen.
Wir hatten ihn über den Winter nicht vollständig abgeerntet, und
so schob er in der Frühlingssonne noch einmal kräftig an und verwandelte das Beet in ein Meer aus gelben Blüten, in dem es von
Insekten nur so wimmelte. Längst hätten wir abräumen müssen,
um den Boden mit Kompost zu regenerieren, aber wir brachten
es einfach nicht übers Herz, diese herrliche Bienenweide auszurupfen. Also durfte sie bis Mai bleiben, und statt Gemüse legten
wir im Anschluss einfach unser McFly auf dieser Terrasse an.

Die Grundversorgung an Gemüse hatten wir nach zwei Garten-
jahren dank unserer schneckensicher gemachten Terrassen einigermaßen im Griff, und so überfiel uns schon bald wieder die
Lust, etwas Neues zu gestalten. Auch wenn wir nicht so recht
wussten, wie wir die zusätzliche Arbeit bewältigen sollten. Mein
Mann und ich schlossen also einen Pakt: Wir würden mit neuen
Beeten experimentieren, aber es musste mit überschaubarem Aufwand machbar sein. Würde dort nichts wachsen oder das Grün-
zeug den Schnecken zum Opfer fallen, dann war das eben so, und
wir wollten uns keinesfalls ärgern. Schon mal so viel vorweg: Es
hat nicht geklappt. Nicht das mit dem Wachsen, sondern das mit
dem Aufwand und dem Ärgern.

Schon bald erhielten wir die erste Gelegenheit zum Experimentieren. Beim Anlegen des unteren Teiches blieb Humus übrig,
ein schwarzer, nackter Hügel aus bester Erde. Wäre zu schade gewesen, den ungenutzt oder, noch unsinniger, für Geld wegfah-

ren zu lassen. Warum also nicht schnell mit etwas Robustem, das wenig Pflege brauchte, bepflanzen? Gerne Starkzehrer, denn der ungefähr zwölf Meter lange Humushaufen strotzte nur so vor Energie. Kartoffeln standen schon lange auf unserer Wunschliste, und die paar Kürbisse, die wir aus den Terrassenbeeten holten, waren sowieso immer viel zu schnell verputzt. Mais hatte auf dem Hügel bestimmt auch noch Platz, vielleicht noch ein paar Sonnenblumen für Vögel und die Optik, und wie wäre es denn mit Ringelblumen? Wir teilten das Beet in zwei Bereiche – Mais konnte gut mit Kartoffeln, Sonnenblumen mit Kürbissen.

Drei alte Kartoffelsorten kamen in das Beet: die Schwarze Ungarin, eine lilaschalige Sorte, die schon im 18. Jahrhundert angepflanzt wurde; Bamberger Hörnchen, auch ziemlich alt, großartig im Geschmack und vor ein paar Jahren um ein Haar fast von den Äckern verschwunden, hätten sich nicht ein paar engagierte Leute für ihre Rettung starkgemacht; außerdem Angeliter Tannenzapfen, knubbelig und sehr lecker.

Ich mache es kurz: Alles wuchs gut auf dem nahrhaften Hügel, und dann kam das große ABER. Wir hatten nämlich keine Ahnung gehabt, wie sehr Schnecken die Blätter der Kartoffelpflanzen lieben. Vor allem die der feinen Bamberger Hörnchen. Sie sind offensichtlich Gourmets, unsere Schnecken hier. Und auch die jungen Kürbispflanzen und Sonnenblumen waren dem schleimigen Ansturm aus der Wiese ausgesetzt. Das konnten wir einfach nicht zulassen! Und ehe wir uns versahen, waren wir nachts wieder mit Taschenlampe und Eimer unterwegs …

Nun ja, der Rest ist Geschichte, und obwohl sich die Wühlmäuse auch noch ihren Anteil an der Kartoffelernte holen, ist dieses Beet mittlerweile fester Bestandteil in unserer Planung. Trotz aller Verluste sind über die Jahre mehrere Generationen Kürbis, hübsch blühender Süßkartoffeln, Wirsing, Saubohnen, Meerrettich, Zwiebeln, Knoblauch, Sonnenblumen und Ringelblumen auf diesem

Hügel gewachsen. Und Feldgrillen haben es sich gemütlich gemacht. Hunderte. Kleine Aliens mit schwarzglänzendem, kugelförmigem Kopf, auf dem zwei lange Antennen sitzen. Wir finden ihre Larven oft in großer Zahl im Spätsommer unter dem Mulch. Sie fühlen sich dort offensichtlich wohl, und wir freuen uns, wenn sie dann als Erwachsene in unseren Wiesen zirpen.

Gleich in unmittelbarer Nachbarschaft zum Hügel liegt mittlerweile auch unser »Terra-Preta-Beet« (dazu gleich mehr), ein Stück dahinter das Kompostlager, und entlang des Weges, der vom Hof dorthin führt, gibt es inzwischen eine Kräuterböschung, auf der alles wächst, womit wir gerne kochen. Was als Zufallsprodukt mit einem übrig gebliebenen Erdhaufen angefangen hatte, ist mittlerweile eine eigenständige Mini-Landschaft geworden.

»Solln ma gemeinsam Terra Preta machen?«, fragte unser Nachbar, der Biobauer, irgendwann. Wollten wir, obwohl wir bis zu diesem Zeitpunkt nur eine vage Idee davon hatten, wie das funktionierte. Um nicht ganz ahnungslos zu sein, besuchten wir vorab einen Tageskurs zur Herstellung dieser extrem fruchtbaren Erde, die durch Fermentation von Gartenabfällen und allerlei anderen Zutaten entsteht.

An einem Tag im Herbst ging es dann los. Mit dem Traktor wurde ein Stück Wiese gemäht, auf dem getrockneten Schnitt dann Gemüseabfälle, Fallobst, Mist, biologische Holzkohle und Mikroorganismen zum Anschieben der Fermentation ausgebracht. Das Ganze wurde zusammengerollt, in Siloballen luftdicht verpackt und über den Winter gelagert. Im nächsten Frühjahr bekamen wir frei Haus zwei der Ballen geliefert, deren streng riechenden Inhalt wir zu einem Beet aufschichteten.

Doch noch war die Supererde nicht einsatzbereit – erst mussten die Bodenorganismen einwandern und ihren Job machen und zudem der pH-Wert, aufgrund der Fermentation im sauren

Bereich, wieder steigen. Aber dann! Egal, welche Samen oder welches überzählige Pflänzchen aus den anderen Beeten wir ein paar Monate später in die Terra Preta steckten – sofern sie die Schneckenattacken überlebten, wuchsen sie kräftig. Außerordentlich kräftig. Es war fast ein wenig unheimlich, und wir fragten uns halb im Scherz, ob unter dem Beet möglicherweise ein Sack Superdünger lag, von dem wir nichts wussten. Vor allem, nachdem wir wieder einmal eine Zucchini übersehen hatten und ein paar Tage später plötzlich eine Monsterwalze im Terra-Preta-Beet lag. Deutlich länger als meine Gartenschuhe und fast vier Kilo schwer. Ich war sicher, dass eine Zucchini dieser Größe wässrig und geschmacklos sein würde. Weit gefehlt! Das Fruchtfleisch war fest, zart und aromatisch. Auch der Rosenkohl im Jahr darauf stand stolz im Beet, Kapuzinerkresse hatte irgendwie ihren Weg dorthin gefunden und rahmte das Beet üppig ein, Ringelblumenbüsche wucherten, und auch Wildpflanzen wie Malve, Sauerampfer und Brennnessel entdeckten den energiereichen Boden für sich.

Und so ist das Beet mittlerweile ein buntes Durcheinander aus Pflanzen, die jedes Jahr von ganz alleine wieder auftauchen oder einwandern, und solchen, die wir dort anbauen. Mal sehen, wie lange dieses Superbeet die Kraft hat, all das aus der Erde zu schieben, bevor wir es mit neuer Terra Preta aufstocken müssen.

Quinoa – Superfood und super viel Arbeit

Über die Zeit und durch Beobachtung verstanden wir eines: Unser Klima ist zwar bei weitem nicht so rau wie das am Krameterhof von Sepp Holzer, aber wirklich begünstigt sind wir auf unserer Scholle auch nicht. Lange Winter, viel Regen (Segen

In der Terra Preta gedeihen alle Pflanzen, als lägen sie auf einem Sack Superdünger, aber sie ist natürlich streng biologisch.

und Fluch gleichermaßen) und noch dazu tendenziell eine Schattenlage, weil die Sonne ihre wärmenden Strahlen erst spät über die Kampenwand zu uns schickt. Anders unser Nachbar, der Biobauer. Sein Hof thront auf einem Hügel in der Sonne, und wenn wir ihn besuchen, ist die Vegetation bei ihm oftmals schon ein gutes Stück weiter. Kein Grund zu jammern, aber einer, um ein wenig nachzudenken, was man sinnvollerweise anbauen könnte.

Und so kamen wir auf Quinoa. Zum einen, weil wir dieses »Superfood« gerne essen, zum anderen, weil das Gänsefuß-Gewächs offenbar robust sein musste, immerhin wächst die alte Kulturpflanze seit Tausenden von Jahren in den Anden. Und dort waren die klimatischen Verhältnisse bestimmt noch einmal eine ganz andere Herausforderung als bei uns.

Die Samentütchen waren schnell bestellt, nun fehlte noch der geeignete Platz. Zwar hatte sich unsere Anbaufläche dank der Experimente noch einmal deutlich vergrößert, aber Quinoa wächst hoch und ausladend, braucht also viel Platz. Wohin mit solchen Riesen? Wir beschlossen, es wurde Zeit für unser »Pappkarton-Mulch-Experiment«, von dem wir gelesen und das wir längst hatten ausprobieren wollen. Im Herbst wählten wir also eine Stelle zwischen unserer wilden Brombeer-Rosen-Hecke und der Totholzhecke, in der Hoffnung, dass die den Wind ein wenig von den Pflanzen abhalten würden.

Auf einer Fläche von ungefähr vier mal fünf Metern deckten wir die Wiese mit Karton ab – unbedruckt und befreit von Klebstreifen und Metallklammern –, dann bedeckten wir das Ganze mit einer ordentlichen Schicht Humus, den uns die Wühlmäuse mit ihrer Buddelei spendiert hatten. Darauf eine Schicht Mulch aus Heu und Laub, damit im Frühling nicht sofort die Beikräuter schossen, und dann hieß es warten.

Es klappt tatsächlich, auf diese Weise ein Beet anzulegen – ohne Umgraben und damit auch ohne das Bodenleben zu stören. Das Pflanzenwachstum unter dem Karton wird unterdrückt, und mit der Zeit zersetzen sich dann die verschiedenen organischen Materialien und bilden eine nährstoffreiche Basis für die Pflanzen.

Im nächsten Frühjahr säten wir dort dann die Quinoa ein, und obwohl sich die Schnecken an den Winzlingen satt fraßen, blieben genug übrig, um sich zu prächtigen Pflanzen zu entwickeln. Mehrfach verzweigt, mit einem Blütenstand, der an eine große Rispe erinnert, standen sie im Beet, und ich hätte mich locker dazwischen verstecken können. Die größten waren gut und gerne zwei Meter hoch. Ein herrlicher Anblick, und als im Spätsommer die Zeit für die Ernte gekommen war, tat es uns fast leid, diese prächtigen Pflanzen abzuschneiden. Wir schnürten sie zu Bündeln und hängten sie zum Trocknen kopfüber in die Tenne.

In diesem Herbst saß ich abends öfter als gewöhnlich vor der Glotze: vor mir eine Lage Zeitungspapier, eine große Schale und getrocknete Quinoa, von der ich die winzigen Samen in Handarbeit aus den Rispen löste. Dummerweise landeten in der Schale nicht nur die senfkorngroßen Samen, sondern auch trockene Blätter und Stängelstücke. So hatte ich mir das nicht vorgestellt. Wie wurde ich das Zeug nun wieder los? Ein Videoclip im Netz brachte Erhellung: Ein Föhn musste her! Bewaffnet mit Haartrockner, flacher Wanne und dem Quinoa-Blätter-Mix stiefelte ich also vor die Tür und legte los. Langsam schüttete ich den Mix aus einem halben Meter Höhe in die Wanne, während ich gleichzeitig mit dem Föhn in die fliegenden Körner blies – mein erstes Praxistraining im »die-Spreu-vom-Weizen«-Trennen ...

Genießbar war die Quinoa trotzdem noch nicht. Jetzt mussten wir noch das Problem mit den Saponinen lösen. Diese »Seifstoffe« stecken in der Samenschale und verleihen unbearbeiteter Quinoa einen bitteren Geschmack. Saponine werden durch Schälen oder Waschen entfernt, wobei Ersteres aus Mangel an Gerätschaft für uns keine Option war. Blieb also nur Waschen oder besser gesagt über Nacht einweichen und mehrmals das Wasser wechseln. Irgendwann hatten wir dann tatsächlich unsere erste eigene Quinoa auf dem Teller. Nicht mehr bitter und lecker – schon alleine, weil es unsere eigene war. Insgesamt fanden wir den Aufwand aber zu hoch. Vor der nächsten Quinoa-Pflanzung müssen wir für die einzelnen Bearbeitungsschritte praktikablere Lösungen finden, wollen wir nicht den ganzen Winter vor dem Fernseher verbringen.

Basilikum ernte ich übrigens immer noch, allerdings nicht von einer eingetopften Pflanze auf der Fensterbank, sondern wildes. Die Samen dafür hatten wir entdeckt, als wir auf der Suche nach Quinoa-Samen waren. Es duftet herber, ist deutlich robuster als sein hellgrüner Vetter auf der Fensterbank und hat eine wunderbare Eigenschaft: Es sät sich selbst aus und taucht jedes Jahr von ganz alleine wieder in unseren Beeten auf.

Dschungelpfade im Mai.

Kapitel 6

WIESEN UND
ANDERE DSCHUNGEL

E s ist noch kühl, die Sonne kriecht langsam über den Berg und bringt dort, wo ihre Strahlen die Wiesen am Teich erreichen, Millionen von Tautropfen zum Funkeln. Würde nicht drei Meter neben mir Leopold bis zu den Ohren in einem Wühlmausbau stecken und schnorcheln und prusten wie ein altes Walross – es wäre ein magischer Augenblick gewesen. So überlege ich mir stattdessen, wie ich die Erdklumpen jemals wieder aus seinem verfilzten Bart kriegen soll.

Ich gönne ihm noch einen Moment den Spaß und streune derweil zur Ecke mit den Frauenmantel-Pflanzen, die wir zur Hangbefestigung in die Böschung über dem Teich gesetzt haben. Sie sind mittlerweile riesig und haben in den letzten beiden Jahren jede Menge wilde Gesellschaft bekommen: Der Kleine Wiesenknopf hat sich an dem sonnigen Hang genauso angesiedelt wie verschiedene Kleearten, Malven und Gräser. Eine wilde Gemeinschaft, die sich langsam zusammenfindet und bei der jedes Jahr ein paar neue Mitglieder dazukommen. Dieses Phänomen beobachten wir nicht nur dort am Hang, sondern auch an vielen anderen Ecken. Aber davon später mehr, denn eigentlich wollte ich noch kurz vom Frauenmantel erzählen. Irgendwann haben wir bei unseren morgendlichen Streifzügen nämlich festgestellt, dass unsere Frauenmäntel ein beliebtes Nachtquartier bei Insekten sind. Seither verpassen wir es morgens nur selten, ihnen und ihren Übernachtungsgästen einen kurzen Besuch abzustatten. Blutzikaden drängeln sich dann unter den großen Blättern, Wanzen in allen Farben werden langsam wach, Krabbenspinnen machen sich auf die Suche nach Frühstück. Alles geht langsam und bedächtig, um diese Uhrzeit ist hier noch keiner so recht auf Betriebstemperatur.

Leo, voller Dreck.

Auch ich bin ohne Frühstück nur ein halber Mensch, also nehme ich mir die Krabbenspinne zum Vorbild und pflücke ein paar Erdbeeren fürs Frühstück.

Ich sehe der Sonne zu, wie sie die Wiesen in goldenes Licht taucht, und unwillkürlich taucht eine Erinnerung aus meiner Kindheit vor meinem inneren Auge auf: Ich stehe auf der Wiese hinter meinem Elternhaus, lausche dem Gesang der Grillen, der warme Wind trägt den Duft nach Heu und Kräutern in meine Nase. Meine Hände streichen vorsichtig über die fast hüfthohen Gräser und scheuchen dabei unzählige Heuschrecken und Zikaden auf.

Ich könnte mir vorstellen, dass viele Menschen ähnliche Erinnerungen haben, an Gerüche und Geräusche, die für mich immer etwas von unbeschwerter Kindheit, Sommer und Ferien in sich tragen.

Vielleicht ist das sogar einer der Gründe dafür, warum wir unsere Wiesen rund um den Hof wild wachsen lassen. Wir wollen

Frauenmantel ist ein beliebtes Nachtquartier vieler Insekten.

ein Stück von diesem Glücksgefühl aus unserer Kindheit wieder in unser Leben zurückholen.

Was wir Wiese nennen, ist für den Bauern Grünland. Irgendwie verbinde ich persönlich damit »Hochleistungswiesen«, die oft gedüngt und dadurch bis zu sechs Mal im Jahr gemäht werden können. Ich kann die Bauern verstehen, sie brauchen die Erträge, viele von ihnen kämpfen ohnedies ums Überleben. Die Artenvielfalt bleibt bei dieser intensiven Art der Bewirtschaftung allerdings oft auf der Strecke. Irgendwo habe ich gelesen, dass kaum ein anderer Lebensraum in Deutschland so schnell verschwindet wie artenreiche Wiesen mit ihren Blumen, Kräutern und verschiedenen Gräsern. Und mit ihnen natürlich auch die typischen Bewohner – die Grillen und Heuschrecken, die Schmetterlinge, die Käfer, Spinnen, Vögel. Solche Graswüsten, also Wirtschaftswiesen, sind als Lebensräume für Tiere und Pflanzen mehr oder weniger wertlos.

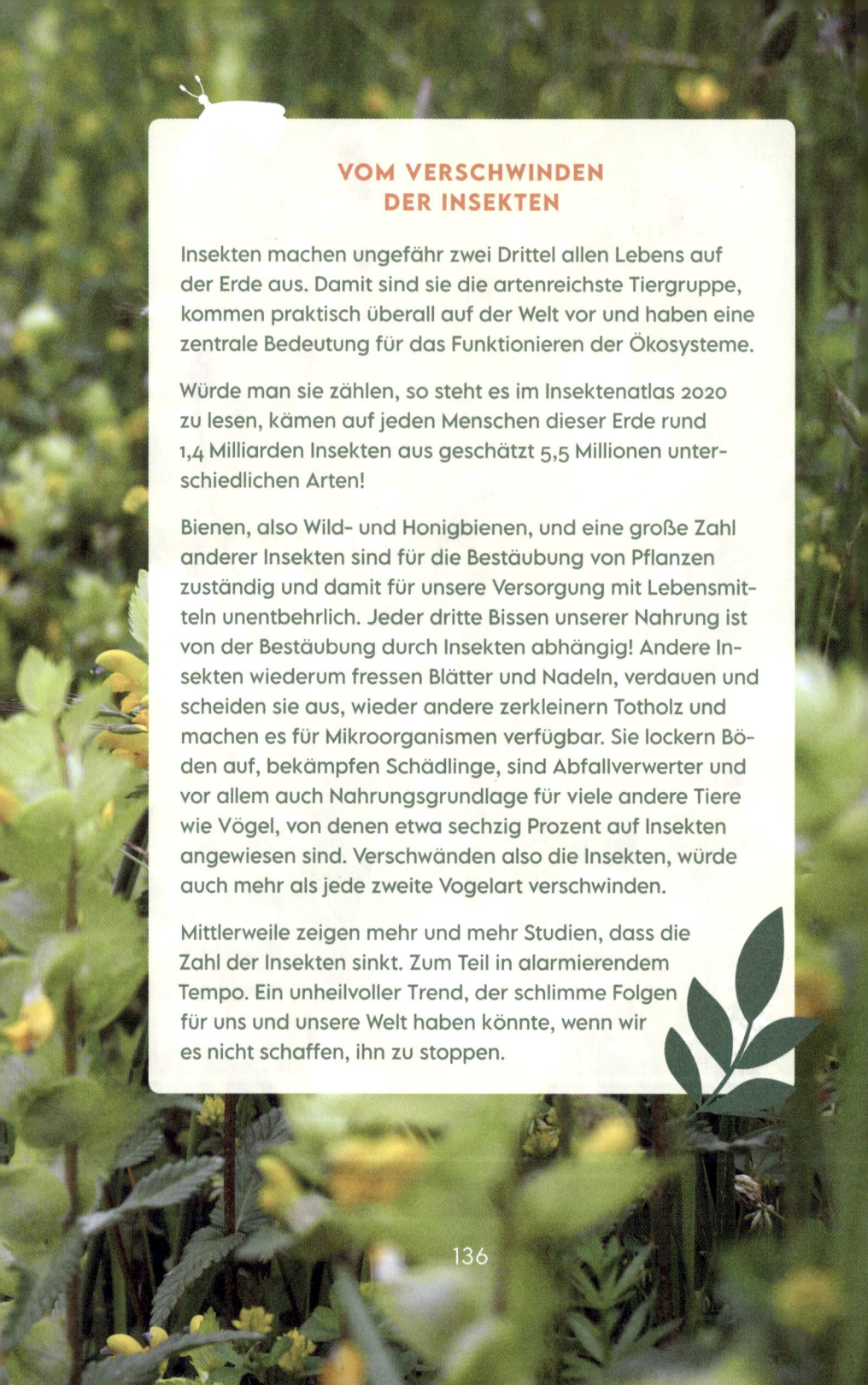

VOM VERSCHWINDEN
DER INSEKTEN

Insekten machen ungefähr zwei Drittel allen Lebens auf der Erde aus. Damit sind sie die artenreichste Tiergruppe, kommen praktisch überall auf der Welt vor und haben eine zentrale Bedeutung für das Funktionieren der Ökosysteme.

Würde man sie zählen, so steht es im Insektenatlas 2020 zu lesen, kämen auf jeden Menschen dieser Erde rund 1,4 Milliarden Insekten aus geschätzt 5,5 Millionen unterschiedlichen Arten!

Bienen, also Wild- und Honigbienen, und eine große Zahl anderer Insekten sind für die Bestäubung von Pflanzen zuständig und damit für unsere Versorgung mit Lebensmitteln unentbehrlich. Jeder dritte Bissen unserer Nahrung ist von der Bestäubung durch Insekten abhängig! Andere Insekten wiederum fressen Blätter und Nadeln, verdauen und scheiden sie aus, wieder andere zerkleinern Totholz und machen es für Mikroorganismen verfügbar. Sie lockern Böden auf, bekämpfen Schädlinge, sind Abfallverwerter und vor allem auch Nahrungsgrundlage für viele andere Tiere wie Vögel, von denen etwa sechzig Prozent auf Insekten angewiesen sind. Verschwänden also die Insekten, würde auch mehr als jede zweite Vogelart verschwinden.

Mittlerweile zeigen mehr und mehr Studien, dass die Zahl der Insekten sinkt. Zum Teil in alarmierendem Tempo. Ein unheilvoller Trend, der schlimme Folgen für uns und unsere Welt haben könnte, wenn wir es nicht schaffen, ihn zu stoppen.

Unsere Wiesen am Hof waren wahrscheinlich nie richtige Hochleistungswiesen. Die steilen Hanglagen waren bis vor ein paar Jahren noch an unseren benachbarten Biobauern verpachtet, der im Sommer dort ein paar Kühe weiden ließ. Der Rest wurde vermutlich ein paar Mal im Jahr von anderen Bauern gemäht, die für jeden Fuder Heu dankbar waren. Auch wissen wir nicht, ob oder wie lange auf unserem Grundstück Gülle oder anderer Dünger ausgebracht wurde. Macht aber auch nichts. Wir wollten unsere Wiesen jedenfalls so bewirtschaften, wie es die Bauern früher getan hatten: nur zwei Mal im Jahr mähen – wo es feucht ist, vielleicht sogar nur einmal –, nie alle Flächen zur selben Zeit absäbeln und ein paar Altgrasstreifen am Rand bis ins nächste Frühjahr stehenlassen. Warum, erkläre ich später.

Zu Beginn unserer Karriere als Hobbybauern hatten wir noch den Ehrgeiz, möglichst viele Bereiche mit der Sense zu mähen. Keine störenden Motorengeräusche, stattdessen die Natur mit allen Sinnen erleben – so hatten wir uns das vorgestellt. Um die richtige Technik zu erlernen, hatten wir sogar einen Kurs belegt. Allzu dumm haben wir uns nicht angestellt, unser Schwung war gut, und so ließen viele Gräser und Blumen unter unseren Sensenblättern ihr Leben. So perfekt wie bei Kursleiter Schorsch sah unser Schnitt zwar nicht aus, aber wir waren optimistisch, dass wir das mit etwas Übung irgendwann auch hinbekommen würden. Also haben wir gleich zwei Sensen, jeweils abgestimmt auf unsere Körpergröße, samt Zubehör gekauft und stolz in der alten Tenne aufgehängt.

Tatsächlich haben wir anfänglich rund um den Hof fleißig gesenst, aber als Mitte Juni dann die Wiesen dran waren, merkten wir schnell, dass wir zu zweit nicht den Hauch einer Chance hatten, vor Wintereinbruch überhaupt damit fertig zu werden.

Seither haben wir einen Balkenmäher. Der funktioniert im Grunde wie eine große Haarschneidemaschine, die Messer sind in zwei Reihen angeordnet und bewegen sich gegeneinander. Er ist zwar laut, aber er erleichtert unser Leben ungemein. Ein Kinderspiel ist das Heumachen trotz dieser Maschine immer noch nicht. Stundenlang marschiert Frank über die Hänge, um Quadratmeter für Quadratmeter Wiese, die stellenweise fast einen Meter hoch steht, zu mähen. Gab es an den Tagen vor der Mahd heftigen Regen, was bei uns im Chiemgau keine Seltenheit ist, erschwert das seine Arbeit noch einmal erheblich. Denn liegt Gras dieser Länge erst einmal niedergedrückt auf dem Boden, steht es nur selten wieder auf, und dieser »Filz« ist dann deutlich schwerer zu mähen.

Der Schnitt bleibt erst mal in der Sonne liegen, dann rücke ich mit einem großen Holzrechen an und ziehe am Hang entlang Bahnen, die ein paar Mal gewendet werden. Mehrfaches Wenden ist für eine gute Trocknung wichtig und garantiert zudem, dass die reifen Samen aus dem Mähgut fallen und nächstes Jahr wieder für bunte Wiesen sorgen. Der Duft, den das frische Heu dabei verströmt, ist unglaublich. Die Arbeit allerdings auch. Ich kann gar nicht so viel trinken, wie ich beim Heumachen in der prallen Sonne schwitze. Läuft alles nach Plan und kein Regenschauer funkt uns dazwischen, können wir mit etwas Glück am nächsten Tag das Heu einbringen. Wer beim Einbringen jetzt an einen Traktor denkt, liegt allerdings falsch. Wir haben nur große Tragesäcke, in die wir das Heu stopfen und die wir dann zur Tenne schleppen. Immerhin erreichen wir ein paar Ecken mit unserem alten Volvo. Dann wird einfach alles in den Anhänger gestopft, ich stelle mich hintendrauf, und wir rumpeln im Schneckentempo zur Tenne. Der Teil macht mit Abstand am meisten Spaß. Und wenn es richtig gut für uns läuft, haben wir an diesem Tag sogar Besuch von Freunden, die fleißig mit anpacken und dafür abends vor Müdigkeit mit dem Kopf fast in die Suppe fallen. Ich fürchte, mittlerweile geht das Gerücht um, wir würden unsere

Freunde vor allem im Juni auf den Hof locken. Ganz von der Hand zu weisen ist das tatsächlich nicht …

Aber warum machen wir uns überhaupt die ganze Arbeit? Wir könnten doch einfach das ganze Gras stehenlassen. Oder zumindest nur mähen und den Schnitt liegen lassen?

Dann würde das mit dem Vermagern allerdings nicht klappen. Lässt man das Mähgut einfach liegen, verrottet es und bildet nährstoffreichen Humus. Im besten Fall. Manchmal verfault es aber auch einfach und erstickt alles Leben darunter. Mähen ist also eine wichtige pflegerische Maßnahme. Entfernt man das Mähgut, entfernt man damit auch Nährstoffe, und die Wiese »vermagert« über die Jahre nach und nach. Genau das gegenteilige Konzept einer Wirtschaftswiese, die permanent mit extrem viel Nährstoffen (in Form von Dünger) versorgt wird, damit das Gras schnell wächst und die Wiese mehrmals im Jahr gemäht werden kann.

DSCHUNGEL-PFADE

Ab Mai wird es zunehmend schwieriger, sich über das Grundstück zu bewegen. Um Gräser und Blumen nicht niederzutrampeln und Tiere möglichst wenig zu stören, mähen wir schmale Wege in unseren Wiesendschungel. Wie Nervenbahnen laufen sie über unser Land und verbinden neuralgische Punkte miteinander – Haus, Teiche, Beete, Hecken und Obstbäume. Ungefähr alle zehn Tage ist ein neuer Schnitt fällig. Daraus ergibt sich ein interessanter Nebeneffekt, denn wir nutzen für die Wege den Mulcher. Der mäht nicht nur, sondern häckselt das Gras sehr klein, und wir lassen es dann liegen. Anders als bei unseren Wiesen werden dabei die Nährstoffe wieder zurückgeführt, die Wege also gedüngt. Das sieht man vor allem im Frühling. Das starkwüchsige Gras sprießt dort schneller und ist sofort saftig grün – es hat aufgrund der Nährstoffe aus dem Mulch die Nase vorne. Wie grüne Adern ziehen sich dann die Wege im Frühling über die sonst noch eher farblosen Wiesen. Recht viel mehr als Gras wächst dort allerdings nicht.

Zugegeben, unsere Wiesen bringen uns oft an den Rand unserer Kapazitäten. Auch, weil wir immer noch zwischen den zwei Welten, Stadt und Land, pendeln. Es wäre ein Leichtes für uns, einen Bauern in der Nachbarschaft zu bitten, regelmäßig für uns zu mähen und das Heu gleich mitzunehmen. Wollen wir aber nicht, denn nur so können wir sicherstellen, dass unsere Wiesen nicht alle gleichzeitig und vor allem erst dann gemäht werden, wenn die uns wichtigen Pflanzen Samen ausgebildet haben.

Denn das war der Rat, den uns ein alter Bauer ganz am Anfang gegeben hat: Vor der ersten Mahd müssen die Margeriten abgeblüht sein! So stellt man sicher, dass die Artenvielfalt erhalten bleibt.

Klappertopf, mein wichtiger Helfer im Vermagerungsprozess der Wiese.

Also beobachten wir unsere Wiesen ganz genau. Ich habe vor allem ein Auge auf den Klappertopf, meinen speziellen Freund und Helfer. Diese hübsche Pflanze mit gelben Blüten und Blättern in verschiedenen Grüntönen ist ein Halbschmarotzer. Klingt nicht besonders nett, ist aber eine großartige Eigenschaft, wenn man eine Wiese vermagern oder zumindest starkwüchsige Gräser zurückdrängen möchte. Denn die zapft der Klappertopf besonders gerne an und klaut ihnen Wasser, was dazu führt, dass sie in ihrem Wuchs zurückbleiben. Dann haben auch Wildblumen und Kräuter endlich eine Chance, nach oben zu kommen.

Würden wir mähen, bevor der Klappertopf Samen ausbildet, also vor Mitte/Ende Juni, nähme er uns das ziemlich übel und würde schnell von unserem Grundstück verschwinden. Die Pflanze ist nämlich einjährig, was bedeutet, dass sie nicht als Wurzel überwintert, sondern sich jedes Jahr aus Samen neu entwickeln muss.

Diese Art der Vermehrung hat für uns durchaus Vorteile. Bevor wir mähen, ziehe ich immer mit einem Eimer los und pflücke abgeblühten Klappertopf. Den lasse ich noch ein paar Tage in der Tenne stehen, dann dresche ich die trockenen Pflanzen am Eimerrand aus und sammle die Samen ein. Überall dort, wo noch kein Klappertopf wächst und stattdessen starkwüchsige Gräser dominieren, streue ich die Samen aus. Diese »assistierte Verbreitung« klappt ganz gut, und so sind aus den paar Stellen, an denen anfänglich Klappertopf zu finden war, viele geworden – das freut nicht nur uns, sondern auch die Hummeln und Wildbienen, denen sein Nektar gut schmeckt. Seinen Namen verdankt der Klappertopf übrigens den reifen Früchten, in denen die Samen laut »klappern«, wenn man sie schüttelt.

Wilde Gemeinschaften

Sechs Jahre machen wir das jetzt schon so, und langsam beginnt sich tatsächlich etwas zu verändern. Nicht mit lautem Tusch oder Getöse – es sind eher kleine, graduelle Verwandlungen. Zum Beispiel die Margeriten und Acker-Witwenblumen, die plötzlich auftauchen, oder die knallrosa Karthäusernelke, die zum ersten Mal bei uns im Gras leuchtet. Das fühlt sich wunderbar an, denn es bedeutet, dass unsere Maßnahmen tatsächlich fruchten.

Gelegentlich lassen wir unseren Nachbarn mit seinem Traktor einen schmalen Streifen Wiese am äußersten Rand unseres Grundstücks mitmähen. Er kann das Heu für seine Ochsen gut gebrauchen. Um möglichst schnell Futternachschub für seine Tiere zu bekommen, düngt er seine Wiesen regelmäßig mit Mist. Irgendwann letzten Sommer hatte er bei meinem Mann nachgefragt, ob er unsere Wiese vielleicht auch gleich mitdüngen sollte, denn das Gras wäre dort »ja schon ganz schön dünn«. Das Grinsen in Franks Gesicht fand er bestimmt befremdlich. Er konnte nicht ahnen, welch Kompliment er uns gemacht hatte, denn eine »dünne« Wiese ist genau das, was wir wollen. Nur dort wandern erfolgreich neue Pflanzen ein, machen unsere Wiesen bunter und erfüllen sie mit Summen, Zirpen und Singen. Für diese typischen Wiesengeräusche sind übrigens auch die erwähnten Altgrasstreifen am Rand wichtig. Dort können sich nämlich, ganz unbehelligt von Balkenmäher und Sense, all die Eier und Puppen entwickeln, die Insekten an Gräsern und Blumen abgelegt haben. Sie fungieren wie Archen, deshalb sollte bei einer Wildwiese nie die ganze Fläche gleichzeitig gemäht werden.

Es ist natürlich nicht so, dass die Wiesen, bevor wir den Hof übernommen haben, völlig ohne Blumen gewesen wären. Aber über die Zeit haben sich die Bestände deutlich vermehrt. Am stärksten ist uns das beim Wiesen-Pippau, der ein wenig an einen langstängeligen Löwenzahn erinnert, den Glockenblumen, dem violett leuchtenden Storchenschnabel, dem Bocksbart mit seinen leuchtenden gelben Sternen und der roten Lichtnelke aufgefallen. Die Margeriten sind ein Neuzugang und letztes Jahr endlich bei uns eingezogen. Wir haben sie sehnsüchtig erwartet, diese freundlichen weißen Blüten, ohne die eine bunte Wiese für mein Gefühl einfach nicht komplett ist.

WIESE IST NICHT
GLEICH WIESE

Wiesen und Weiden, wie wir sie heute kennen,
sind durch den Einfluss des Menschen entstanden.
Ohne Beweidung beziehungsweise ohne Mahd
würden sich im Laufe der Zeit Büsche und Bäume
ansiedeln und irgendwann wieder Wald entstehen.

Dabei gibt es die unterschiedlichsten Wiesentypen: fette
und magere, trockene und feuchte und alles dazwischen.
Standort, Klima und noch ein paar andere Faktoren spielen
ebenfalls eine wichtige Rolle dabei, welche Pflanzen, und
damit auch welche Tiere, sich ansiedeln. Ziemlich komplex
also, die Sache mit den Wiesentypen.

Wir sind bestimmt keine Wiesen-Experten, aber wenn ich unsere
Pflanzengemeinschaften richtig lese, dann haben wir hauptsächlich sogenannte Glatthafer-Talwiesen. Das sind klassische Bau-
ernwiesen mit ihrer bunten Blumenpracht und Glatthafer als
typischer Grasart. Dieser »fette« Wiesentyp zählt mit seinen bis
zu fünfzig Pflanzenarten übrigens zu einem der vielfältigsten Lebensräume für Insekten und Vögel.

Also: Geduld und nur zwei Mal im Jahr mähen, dann klappt's
auch mit der Bauernwiese. Um der Artenvielfalt ein wenig auf
die Sprünge zu helfen, sammle ich auf unseren Gassi-Runden in
der Umgebung oft Samen von Wildpflanzen und streue sie dann
zu Hause aus. Also meistens. Gelegentlich schiebe ich nämlich
die abgeblühten Blütenköpfe in die Taschen meiner Jeans und
vergesse sie dann. Mehr als einmal habe ich das Zeug schon mit
gewaschen und musste dann die glitschigen Pflanzenreste müh-
selig aus den Ecken meiner Hosentaschen kratzen.

Allerdings sehen unsere Glatthafer-Talwiesen nicht, wie meine Beschreibung vermuten ließe, überall völlig identisch aus. Jahr für Jahr tauchen an unterschiedlichsten Stellen unseres Grundstücks völlig neue Pflanzenarten auf. Nein, ich spreche nicht von denen, die wir selbst aussäen, sondern von echten Einwanderern, deren Samen mithilfe von Tieren und Wind ihren Weg zu uns finden und die sich ganz freiwillig bei uns ansiedeln. Für mich eines der spannendsten Abenteuer. Oft kann ich es gar nicht erwarten, bis die Saison im Frühling wieder startet und ich bei meinen Expeditionen Ausschau nach Neuzugängen halten kann.

Wäre ich Wiesenökologin, wüsste ich vermutlich, warum sie zu uns kommen und was es zu bedeuten hat. So freue ich mich einfach nur über die wachsende Vielfalt an Pflanzen und damit auch an Tieren. Wie beispielsweise am Dost, eine Art wilder Verwandter des Majorans. Dieser herrlich duftende Lippenblütler tauchte zum ersten Mal vor zwei Jahren in der Nähe unserer Obstbäume auf und hat es sich mittlerweile an mehreren Standorten gemütlich gemacht. Dost ist ein altes Würz- und Heilkraut und war im Mittelalter eine wichtige Hexenabwehr-Pflanze. Kann nicht schaden, so etwas im Garten zu haben, oder? Was mich aber neben seinen magischen Fähigkeiten, dem Geruch und Geschmack am meisten fasziniert, ist seine Entourage. Unzählige Schmetterlinge, Schwebfliegen, Honig- und Wildbienen umschwärmen im Sommer seine rosaroten Blüten.

Oder das Johanniskraut. Plötzlich war es da. Erst hier ein Stängel, dann dort ein Stängel. Mittlerweile wächst im Sommer ein gelber Teppich davon oberhalb unseres Hauses. Wildbienen und Schwebfliegen stehen ziemlich auf diesen natürlichen Stimmungsaufheller. Eine wilde Malven-Art, die Moschus-Malve, erfreut uns neuerdings ebenso mit ihren zartrosa Blüten wie die Wilde Möhre, eine Leibspeise der Schwalbenschwanz-Raupe, mit ihren duftigen Dolden.

Vom Kleinen Wiesenknopf, auch Pimpinelle genannt, habe ich eingangs schon berichtet, vom Klatschmohn will ich hier kurz erzählen, weil wir im letzten Jahr völlig überraschend ein kleines Feld davon am äußersten Rand unseres Grundstücks entdeckt und keine Idee hatten, wie das dahin gekommen war. Im Frühling sind mir diese seltsamen Büschel, die irgendwie an gigantischen Rucola erinnern, zum ersten Mal aufgefallen. Anfänglich hatte ich meinen Mann in Verdacht, heimlich irgendwelche Samen ausgestreut zu haben – als botanische Denksportaufgabe quasi. Aber er schwor hoch und heilig, nichts damit zu tun zu haben. Also habe ich den Riesen-Rucola über Wochen dabei beobachtet, wie er langsam in die Höhe wuchs und plötzlich behaarte Knospen ausbildete. Da wusste ich endlich Bescheid. Mohn! Herrlich, dachte ich mir und sah mich schon mit meiner Kamera im Abendlicht davorhocken und stimmungsvolle Bilder schießen. Hätte ich auch gemacht, wäre mir im Juni nicht ständig der Regen dazwischengekommen, der aus dieser zarten Pracht schnell einen verfilzten Dschungel machte. Aber wenn sich dann doch die Sonne gelegentlich hervorwagte, leuchteten die roten Blüten förmlich auf, und viele Insekten fanden sich ein, um an den Pollen zu naschen. Leider auch Läuse. Die kamen allerdings auch ohne Sonne und hatten mit dem eiweißreichen Blütenstaub nichts am Hut. Sie hatten es auf den Pflanzensaft abgesehen und saßen dicht an dicht auf den Stängeln.

Das hat mich allerdings nicht sonderlich geniert – wie man hier in der Gegend sagt, wenn einen etwas nicht stört –, weil gleichzeitig auch überall Marienkäfer und allerlei Larven krabbelten, und deren Leibspeise sind genau diese kleinen Biester. Zudem rücken nachts dann auch noch die Ohrenkneifer an. Von denen haben wir hier jede Menge. Auch wenn es mir nicht immer ganz leichtfällt – ich vertraue darauf, dass unsere kleinen Helferlein die Plage einigermaßen in den Griff bekommen. Natürlich waren wir nicht immer so entspannt, aber über die Zeit haben wir gelernt, die Natur machen zu lassen. Und kommt es irgendwann doch ganz dick, wie gelegentlich bei unseren Edelrosen am Haus, dann greife ich zum Schlauch und verpasse den grünen Biestern eine knackige Dusche.

Nicht nur die Neuzugänge verändern das Erscheinungsbild unserer Wiesen. Auch Faktoren wie Lage, Beschattung oder Feuchtigkeit verleihen ihnen ein anderes Gesicht. Dort, wo die Wiese feuchter ist, kommt nach dem leuchtenden Storchenschnabel das Mädesüß zum Vorschein. Seine hoch aufragenden Blütenrispen erinnern mich immer ein wenig an frisch geschlagene Sahne, vor allem, wenn ihr süßlicher Duft an warmen Sommertagen in der Luft hängt. Ein Stück oberhalb, wo es flacher und sonniger ist, steht Zittergras, im Schatten unseres Walnussbaums wuchern Sterndolde und Ährige Teufelskralle. Und nur dort.

Ich finde es faszinierend, wie sich solche Pflanzengemeinschaften zusammenfinden. Mit ihnen tauchen auch oft neue Insektenarten auf – Spezialisten, die genau auf diese Pflanzen angewiesen sind. Wie beispielsweise der Mädesüß-Perlmuttfalter oder der Schwalbenschwanz mit seiner Vorliebe für die Wilde Möhre. Mit der Zeit entwickelt man ein gutes Gespür dafür, wie sensibel das Zusammenspiel zwischen Umgebungsfaktoren, Pflanzen und Tieren ist: Würden wir den Hang mit dem Mädesüß trockenlegen, verschwände es und damit auch die Chance, den seltenen Falter jemals bei uns zu sehen. Brächten wir Dünger in großen Mengen aus, ließen wuchsstarke Gräser weniger Platz für Pflanzen, die es »mager« mögen – bye-bye Wilde Möhre samt Raupe.

Das haben wir natürlich nicht vor, denn abgesehen von der Brennnesseljauche, die wir auf den Beeten ausbringen, oder dem Mulch, der anfällt, wenn wir Wege durch unseren Grasdschungel mähen, düngen wir nicht.

Lieblingsspeise des Schwalbenschwanzes: Wilde Möhre.

Allerdings ist eine der angrenzenden Wiesen an einen Bauern aus dem Nachbarort verpachtet, und der ist da weniger zurückhaltend. X-mal im Jahr fährt er im Affenzahn seine Gülle dort aus. Das einzig Gute daran ist: Dann wissen wir wenigstens, dass die Regenwahrscheinlichkeit hoch ist. Fürs Wetter hat der Mann nämlich ein untrügliches Gespür. Das ist aber auch das einzig Positive, denn das Zeug stinkt nicht nur bestialisch, sondern untergräbt mitunter auch unsere Bemühungen.

Warum? Gülle ist ein extrem reichhaltiger Pflanzendünger und ermöglicht es den Landwirten, bis zu fünf, sechs Mal pro Saison reichhaltiges Grünfutter für ihre Tiere einzufahren. Das ist natürlich extrem wichtig für die Bauern, hat aber auch Schattenseiten, denn aus der Gülle verflüchtigt sich ein Teil des Stickstoffs in Form von Ammoniak – ein Gas, das sich über die Luft verbreitet. Spätestens beim nächsten Regen landet das Zeug irgendwo anders. Also vermutlich auch bei uns. Diese Luftdüngung ist auch für Naturschutzgebiete ein Problem, denn Pflanzen in Mooren oder Trockenwiesen sind an karge Verhältnisse angepasst und werden dann schnell von Gewächsen überwuchert, die mit diesem unverhofften Nährstoffsegen mehr anfangen können.

Der Tag, an dem
der Bläuling einzog

E s war an einem Tag im Juni vor zwei Jahren, als plötzlich ein Bläuling vor mir durchs Gras gaukelte. Vergessen war alles andere, ich hatte nur noch Augen für diesen kleinen himmelblauen Falter, den ich schon als Kind so liebte. Viele Schmetterlinge, vom Schachbrettfalter bis zum Nachtpfauenauge, hatten sich bei uns schon blicken lassen, aber der Bläuling war uns bisher noch nie untergekommen. Ein schöner Gedanke: Der Schmetterling meiner Kindheit ist bei uns eingezogen. Das Kribbeln in meinem Bauch hatte aber auch noch mit etwas anderem zu tun. Im Naturschutzgebiet auf der anderen Straßenseite lebt eine eher seltene und mittlerweile gefährdete Bläulingsart. Eine Rote-Listen-Art hier bei uns auf dem Grundstück? Mein Herz vollführte einen Freudensprung. Denn genau das wollten wir sein: eine kleine Insel, an der gefährdete Arten sicher an Land gehen konnten.

Aber konnte es wirklich sein? War der Einzug des Bläulings schon ein erstes Resultat unserer Bemühungen? Natürlich wünschte ich mir nichts sehnlicher. Aber vielleicht hatte ich ihn bislang einfach nicht entdeckt. Ob der Bläuling nun längst bei uns heimisch oder ein Neuzugang war, ist letztendlich auch gar nicht wichtig, Hauptsache, er ist da.

Viel schwieriger ist es, zu bestimmen, wer da über unsere Wiesen flattert, denn die Familie der Bläulinge ist groß. Alleine in

Der Bläuling auf der Sternendolde
lässt meine Kinderseele jubeln.

Ein ganz besonderer Gast: der Trauer-
Rosenkäfer, der die Malven aufsucht.

Deutschland gibt es fast fünfzig Arten, viele von ihnen unterscheiden sich nur in winzigen Details und sind schwer auseinanderzuhalten. Eines haben sie leider fast alle gemeinsam: Ihre Bestände gehen zurück, einige Arten sind sogar stark gefährdet. Wir haben vermutlich nicht den seltenen Kollegen aus dem Moorgebiet bei uns, sondern eher eine noch verhältnismäßig häufig auftretende Art, den Hauhechel-Bläuling. Seither taucht er irgendwann im Mai bei uns auf, dieser kleine Falter, der aussieht wie ein Stückchen Himmel, das zur Erde gefallen ist.

Auch unser Biobauer kann sich über mangelnde Artenvielfalt nicht beklagen, und ein Besuch bei ihm ist jedes Mal etwas Besonderes. Obwohl er immer viel zu tun hat, nimmt er sich die Zeit, mit uns über sein Land zu laufen. Wir staunen immer wieder über seinen Einfallsreichtum und sein Gespür für die Natur und lernen viel von ihm. Und weil er weiß, dass unsere Herzen für alles schlagen, was kreucht und fleucht, zeigt er uns auch den ein oder anderen Schatz: das neue Insektenhotel, die Igelhäuser und manchmal eben auch Wanzen oder Käfer, die seine Pflanzen bevölkern. So auch einen relativ großen schwarzen Käfer mit weißen Flecken, den er in diesem Jahr zum ersten Mal bei sich entdeckt hatte. Die Begeisterung stand ihm immer noch ins Gesicht geschrieben. Denn weil er keine Ahnung hatte, wer sein neuer Gast war, hatte er sich Rat bei lokalen Naturschützern geholt. Und die waren beim Anblick des Tiers wohl ganz aus dem Häuschen geraten: Es war ein Trauer-Rosenkäfer. Selten und in Bayern angeblich sogar vom Aussterben bedroht.

Bis zu diesem Zeitpunkt hatte ich noch nicht einmal geahnt, dass es so etwas wie Käferneid überhaupt geben könnte. Aber ich gestehe, genau das blitzte unter meiner Begeisterung und Mitfreude auf. Ich wollte auch so einen Prachtkerl bei uns haben! Der schwarz-weiße Sechsbeiner ernährt sich von Pollen und braucht blütenreiche Wiesen – da sollte doch was zu machen sein. Mein Mann lachte sich schlapp, als ich, kaum zu Hause, loszog und nach dem seltenen Käfer suchte. Was soll ich sagen? Zwei Stunden später wurde ich fündig! Und zwar ganz oben am Hang, wo wir immer ein großes Feld mit Kratzdisteln stehenlassen. Ein absoluter Insekten-Hotspot! Und genau da saß er und teilte sich einträchtig mit zwei Schmetterlingen eine Blüte.

Der Trauer-Rosenkäfer hat es in Sachen Lebensraum ganz gut getroffen in unserer Gegend: Neben Wirtschaftswiesen gibt es hier ein Naturschutzgebiet, einige Bauern, die ihr Land naturnah bewirtschaften, eingewachsene Gärten und jetzt auch uns. Vielleicht bin ich so etwas wie eine Natur-Romantikerin, aber ich glaube fest daran, dass wir im Verbund, also wenn jeder eine Art Mini-Insel erschafft, viel für die Insekten und andere Tiere tun können. Ein Netzwerk, zu dem jeder beiträgt, was er kann – ein paar insektenfreundliche Pflanzen und Stauden am Balkon, ein kleiner Reisig- oder Steinhaufen im Garten, ein Eckchen Wiese, das wild wachsen darf.

Wenn sich Ende Juni ein warmer Tag dem Ende zuneigt und die Dunkelheit langsam alle Konturen verschluckt, setzen wir uns auf unsere kleine Holzbank vor der Tenne.

Der schwere Duft von Labkraut hängt dann in der Luft, die Grillen musizieren. Als wäre das für sich genommen nicht schon kitschverdächtig romantisch – vorausgesetzt, man hat an Mückenspray gedacht –, setzt die Natur noch einen drauf. Plötzlich flackert in der Wiese oberhalb ein kleines Licht auf, dann ein paar Meter weiter noch eines, und schon bald funkelt und leuchtet es um uns herum. Die Glühwürmchen, die eigentlich Käfer sind, werben um diese Jahreszeit um ihre Partner, und wir dürfen Zeugen dieses magischen Schauspiels sein.

KLEINE LEBENSHILFE FÜR WILDBIENEN

und andere Insekten

- Unordentlich gärtnern, also zum Beispiel eine Ecke mit Wildblumen und Beikräutern stehenlassen, Steinhaufen aufschichten, Laubhaufen und Totholz liegen lassen, nicht immer alles sofort zurückschneiden

- Keine Pestizide im Garten benutzen!

- Heimischen Blumen und Sträuchern den Vorzug geben, Wildobst anpflanzen

- Kräuter pflanzen und ausblühen lassen

- Wasser anbieten (flache Schale mit etwas Moos, Steinen, Holz)

- Insektenhotels aufstellen

Der obere Teich.

Kapitel 7

UNSERE TEICHE – STILLE WASSER?

Wenn die Sonne untergeht, wirkt er wie ein überdimensionaler Verstärker. Der Himmel leuchtet in allen Nuancen von orange bis violett, und Wolken und Berge spiegeln sich in seiner Oberfläche. Wir lieben dieses Schauspiel, und wenn dann noch die Libellen mit knisternden Flügeln an uns vorbeiflitzen oder Schwalben im Tiefflug über das Wasser zischen, sind alle Mühen vergessen. Es ist dann schwer, sich vorzustellen, dass es hier bis vor ein paar Jahren nichts anderes gab als eine Senke mit dauerfeuchter Wiese.

Teiche waren etwas, das auf unserer Wunschliste immer ganz weit oben gestanden hatte. Um ein Haar hätten wir sogar ein Jagdhaus in ungünstiger Lage gekauft, nur weil es einen großen Teich gab, in dem zwei riesige, alte Störe schwammen. In Gedanken hatte ich sie bereits Hermann und Gertrud getauft. Zum Glück hatten sich unsere Gehirne mit jedem Kilometer, den wir uns weiter von dem Objekt wegbewegten, wieder mehr von der Idee verabschiedet. Die Störe schwammen trotzdem noch lange durch meine Erinnerung.

Am Anfang stand – wieder einmal – ein Seminar. Teichbau. Jahre, bevor wir überhaupt ein Stück Land hatten, auf dem wir diese Idee realisieren konnten. Eine Trockenübung sozusagen.

Wir nahmen trotzdem viel Praktisches mit, vor allem das Wissen, dass Teichbau ohne Folie klappen kann und dass eine dauerhaft nasse Stelle oft ein guter Anfang ist. Als wir die Baupläne für die Sanierung des Hofes einreichten, beantragten wir deshalb auch gleich die Genehmigung für den Bau von zwei Teichen. Wir wussten zu diesem Zeitpunkt zwar noch nicht einmal, wo das Bett in unserem zukünftigen Schlafzimmer stehen würde, aber dass wir Teiche wollten, war für uns klar.

Im nächsten Frühling legten wir los. Stiegen mit Eisenstangen den Hang zu der feuchten Senke hoch, steckten grob die Umrisse des oberen Teiches ab und spannten Flatterband. Dann kletterten wir noch ein Stück höher und betrachteten unser Werk von oben. Die Flatterband-Kontur schmiegte sich gut in die Landschaft und hatte eine gefällige Form. So könnte es gehen. Im Vergleich dazu war der untere Teich fast ein Kinderspiel. Es gab genau eine einzige Stelle, wo er hinpasste.

Dass wir viel Lehm auf dem Grundstück hatten, wussten wir bereits von einer Testgrabung, die wir wegen diverser Schächte hatten durchführen müssen. In Gedanken höre ich den Baggerfahrer noch heute über die Pampe schimpfen und fluchen. Wir hingegen hatten uns gefreut, denn das bedeutete, wir würden keine Schwierigkeiten haben, unsere Teiche abzudichten. Dachten wir zumindest ...

Irgendwann rückten schließlich die Bagger an, und ich fiel beinahe in Ohnmacht, als ich kapierte, wie großflächig das Gelände am Hang »umgestaltet« würde. Ich hatte vor meinem inneren Auge immer nur den fertigen Teich, aber nie den Weg dorthin gesehen. Fehler. Weil natürlich nicht nur das Loch gegraben werden musste, sondern ein Damm aufgeschüttet und verdichtet, ein Ablauf angelegt, der Hang darüber befestigt und das Gelände um den Teich an die Umgebung angepasst werden musste. Merke: Hanglagen machen fast alles komplizierter und aufwändiger.

Mit dem Lehm, der beim Ausbaggern anfiel, wurde der Teich ausgekleidet, und nach und nach entstanden Flach- und Tiefwasserzonen, ein Kiesbett und ein Ufersaum, an dem Wasserpflanzen einfach Fuß fassen konnten. Zum Schluss wurden noch ein paar Findlinge und alte Wurzelstöcke in der Randzone versenkt, damit die künftigen Bewohner Unterstände hatten. Dann hieß es warten – auf den Regen und auf das Hangwasser, das nach einem kräftigen Schauer bei uns oft tagelang aus dem Hang sickert. Genau deshalb hatten wir den Teich an dieser Stelle gebaut – um das Hangwasser aufzufangen.

Der Bau des unteren Teiches war vergleichsweise simpel. Er sollte in einer kleinen, flachen Mulde am Rande unseres Grundstücks entstehen. Die war für die Bagger leicht zu erreichen und bot genug Platz zum Manövrieren. Hangwasser hatten wir hier zwar kaum, dafür ein ausgeklügeltes Wassermanagement. Läuft nämlich der obere Teich über, wird das Wasser direkt in den unteren geleitet. Auch das Dachwasser unserer Garage geht direkt dorthin. Und sollte irgendwann der Pegel im unteren Teich trotz all dieser Maßnahmen zu stark sinken, können wir immer noch Regenwasser aus unserer Zehntausend-Liter-Zisterne hinüberpumpen. Eigentlich fangen wir dort das Regenwasser auf, um unsere vier Wasserstellen rund um den Hof zu versorgen, aber im Notfall könnten wir einige Liter opfern, denn der Nachschub von oben lässt hier im Chiemgau meist nicht lange auf sich warten. Und natürlich können wir, sofern notwendig, auch den unteren Teich ablassen – in einen der Gräben, der hinüber ins Moor führt. Wir machen das mithilfe eines Mönchs. Keine Sorge, das ist in unserem Fall kein Geistlicher, sondern ein senkrechtes Rohr, das über ein Winkelrohr mit dem Abfluss im Teichboden verbunden ist. Ist der Wasserstand zu hoch, wird der Mönch einfach unter die Wasseroberfläche abgekippt und das Wasser durch das Abflussrohr im Teichboden abgelassen. Aber so weit waren wir noch lange nicht. Eine alte Weisheit besagt nämlich: Bevor man Wasser aus dem Teich ablassen kann, muss erst mal Wasser drin sein …

Und genau das war das Problem. Der obere Teich war nicht dicht. Kaum drehte man sich um, war die Hälfte des Wassers wieder verschwunden. Wir beobachteten das Geschehen einige Monate in der Hoffnung, dass sich das Problem irgendwann von alleine lösen würde. Tat es nicht. Der Teich blieb mehr oder weniger eine große Pfütze mit schwankendem Wasserspiegel. Wir sprachen mit Menschen, die einschlägige Erfahrung in Sachen Teiche hatten. Die Meinungen darüber, was in so einem Fall zu tun war, hätten nicht weiter auseinandergehen können:

»Probiert es mal mit Strohhäcksel ins Wasser streuen …« (die irgendwann absinken und den Teich an den richtigen Stellen abdichten würden).

»Folie. Das geht nur mit Folie!«

»Ihr müsst eine Baustelle in der Gegend finden und fragen, ob die Lehm für euch übrig haben, und nacharbeiten.«

Ich hatte irgendwann die Nase voll und war kurz davor, den oberen Teich zu einem Kraterbeet umzufunktionieren. Mir egal, dann hatten wir eben nur einen Teich. Besser als nichts. Frank hatte da deutlich mehr Geduld und bessere Nerven als ich.

Der Wahrheit näher brachte uns wieder einmal unser Nachbar, der Biobauer. Auch er hatte fast zur selben Zeit einen Teich angelegt, und auch der war nicht wirklich dicht. Ein Freund, der sich angeblich mit Böden auskannte, hatte ihm erklärt, dass es zwei Sorten Lehm gab: roten und blauen. Während der blaue sich gut für den Teichbau eignen würde, weil er gut abdichtete, wäre der rote nicht ganz so optimal für dieses Vorhaben ... Muss ich erwähnen, dass in unserer Gegend der Lehm oft rot ist? Und es zudem endmoränenmäßig viele Kiesadern gibt, die schon unsere Baggerfahrer beim Anlegen der Teiche geärgert hatten. Aber ob rot oder blau, die Frage blieb: Was tun?

Die Lösung fand Frank schließlich in den Tiefen des weltweiten Netzes. Sie hört auf den klangvollen Namen Bentonit und ist eine Art feine Tonerde, die in Verbindung mit Wasser aufquillt. Der Bagger rückte also noch einmal an, zog die oberste Schicht des Teiches wieder ab, brachte ein Gemisch aus Sand und diesem Bentonit auf und packte schließlich das Zeug, das er zuvor abgekratzt hatte, wieder obendrauf. Der nächste Regen kam, das Hangwasser auch, und ... der Teich blieb tatsächlich dicht!

Tierischer Umzug

Mir hatte zu dieser Zeit nicht nur der Wasserstand des Teiches Sorgen gemacht. Es war Ende März, und in der knietiefen Pfütze, die unser Teich seit dem letzten Frühjahr meist war, gab es Untermieter. Jede Menge. Grasfrösche, Froschlaich, einen Teichmolch und, wie wir später feststellen sollten, Libellenlarven. Woher hätten die auch wissen sollen, dass ihr nagelneues Zuhause schon wieder ein Sanierungsfall war? Also beschlossen wir eine umfangreiche Rettungsaktion und stiegen in unsere Gummistiefel. Der Froschlaich war vergleichsweise schnell und einfach in Sicherheit zu bringen. Zwei Eimer und eine Viertelstunde später schwamm der Laich im unteren Teich, einigermaßen sicher zwischen den ersten Wasserpflanzen. Die Frösche waren da schon deutlich schwieriger. Zum Glück hatten wir ein paar Tage vorher einen Kescher gekauft, mit dessen Hilfe sich die agilen Amphibien einigermaßen gut einfangen und zu ihrem Nachwuchs im unteren Teich bringen ließen.

Als größte Herausforderung der Unternehmung sollte sich aber der Molch herausstellen. Und unsere Gummistiefel. Während ich feststellte, dass meine Löcher hatten und das kalte Wasser relativ bald seinen Weg zu meinen Füßen fand, waren Franks Stiefel zwar dicht, aber das half auch nur, solange der Wasserspiegel unterhalb des Gummistiefelrandes lag ... So standen wir also beide mit nassen Füßen in unserer großen Pfütze und versuchten, den Molch aufzuscheuchen. Während ich mit meinen Händen, die irgendwann erst einen roten, dann einen leicht bläulichen Farbton annahmen, im Schlamm und den Blättern nach ihm suchte, stand Frank mit dem Kescher bereit, um den flinken Kerl zu fangen, sobald ich ihn aufgescheucht hatte. Aber kaum hatten wir ihn im Wasser erspäht – eine echte Kunst bei all dem aufgewirbelten Zeug –, tauchte er auch schon wieder ab. Es war schier zum Verzweifeln.

Als wir schon kurz davor waren, aufzugeben, ging uns der Schwanzlurch dann tatsächlich noch ins Netz. Als hätte er geahnt, dass dies seine letzte Chance auf einen Umzug war. Wir hatten nasse Füße und froren, aber als unser Molch endlich im Eimer hockte und bereit für seine Umsiedlung war, vollführten wir einen kleinen Freudentanz. Hätten wir einen Goldschatz im Schlamm gefunden, unsere Laune hätte nicht besser sein können. Gleichzeitig stellten wir uns die bange Frage, ob dieses widerspenstige Exemplar tatsächlich der einzige Molch war, der unseren Teich bewohnte. Noch war etwas Zeit, bevor der Bagger wieder anrückte, und wir wollten die Pfütze in den nächsten Tagen genau beobachten.

Und noch etwas anderes gab es aufzuklären, bevor es mit der Sanierung losging. Während unserer Rettungsaktion war mir aufgefallen, dass jedes Mal, wenn ich ins Wasser stieg, irgendwelche Krabbler panisch die Flucht vor meinen Gummistiefeln ergriffen. Vor allem in Ufernähe. Das ließ mir keine Ruhe.

Nachdem wir unseren Erfolg mit trockenen Socken und einer heißen Tasse Tee gefeiert hatten, schlüpfte ich in meine (trockenen) Bergschuhe und stieg mit dem Eimer wieder hinauf. Dort hockte ich mich ans Ufer und beobachtete das Geschehen im Wasser. Wer war da nur auf der Flucht gewesen? Kaum stocherte ich mit einem Stock im versunkenen Laub, zischten ein paar bräunliche, zwei Zentimeter lange Aliens daraus hervor. Die Dinger waren relativ einfach zu fangen, und als ich endlich eines davon in meiner Handfläche sitzen hatte, wusste ich auch, mit wem ich es zu tun hatte: Libellenlarven, die es sich in der Uferzone gemütlich gemacht hatten. Das Larvenstadium dauert bei Libellen meist ein bis zwei Jahre, bei manchen Arten sogar bis zu sechs (!) Jahre. Die Larven sind geschickte Räuber und jagen im Wasser

Mussten umziehen vom oberen in den unteren Teich: Froschlaich, Grasfrosch und Teichmolch.

Insekten, am liebsten vertilgen sie Mückenlarven. Während dieser ganzen Zeit häutet sich eine Larve mehrmals, und ist die Entwicklung dann abgeschlossen, sucht sie einen Pflanzenstängel am Ufer, wo sie sich schließlich zur Libelle verwandelt. Meine hässlichen Aliens waren also ausgesprochene Nützlinge.

Jetzt, da ich wusste, dass sie in unserem Teich lebten, der vom Bagger in ein paar Tagen bearbeitet würde, konnte ich sie unmöglich ihrem Schicksal überlassen.

Ich weiß nicht mehr, wie viel Zeit ich am Ufer zubrachte und Libellenlarven fing. Es war jedenfalls schon dämmrig, als ich völlig durchgefroren mit meinen Schützlingen im Eimer zum unteren Teich wackelte und sie bei ihren alten Nachbarn, den Fröschen und dem Teichmolch, aussetzte. Die ausgedehnte heiße Dusche danach war zwar alles andere als ökologisch, aber zumindest hat sie mich vor einem Schnupfen bewahrt.

Mehr als nur ein Teich: Lebensraum, Wasserspeicher, Klimaanlage

Baut ihr da oben einen Löschteich?«, fragte uns ein Nachbar irgendwann. Nein, taten wir natürlich nicht, allerdings war der obere Teich tatsächlich etwas größer geraten, was der Struktur des Geländes geschuldet war. Er misst knapp zweihundertdreißig Quadratmeter, und an der tiefsten Stelle sind es gut zweieinhalb Meter bis zum Grund – das hat durchaus Vorteile, haben wir gelernt, denn je größer ein Teich, umso leichter stellt sich ein ökologisches Gleichgewicht ein. Auch sonst haben wir versucht, viel für ein gesundes Ökosystem zu tun: Die Teiche sind in Hauptwindrichtung angelegt, was Wellen und damit eine bessere Versorgung mit Sauerstoff mit sich bringt; wir haben Flach- und

Tiefwasserbereiche geschaffen, unter anderem um sicherzustellen, dass es zu Wärmeaustausch zwischen den Zonen kommt; zudem haben wir Weiden und Erlen in der Nähe gepflanzt, damit es irgendwann beschattete Bereiche gibt.

Für uns sind Teiche mehr als nur Gestaltungselemente. Während der obere Teich Hangwasser auffängt (das vorher immer zu unserem und zum Haus eines Nachbarn gelaufen war und oft Schäden angerichtet hatte), können wir aus dem unteren im Bedarfsfall ein paar Gießkannen Wasser abschöpfen und durstige Jungpflanzen auf den hinteren Beeten versorgen. Teiche verbessern zudem das Mikroklima, weil sie die Luftfeuchtigkeit erhöhen und Sonnenlicht reflektieren, was sich vor allem in der kühleren Jahreszeit positiv auf die umgebende Vegetation auswirkt. Aber Teiche sind vor allem eines: Lebensräume für eine Menge Pflanzen und Tiere.

MINI-GEWÄSSER FÜR DEN BALKON

Wer eine alte Wanne, einen Zuber oder ein anderes großes Behältnis übrig hat, kann daraus im Handumdrehen einen Mini-Teich für Balkon oder Terrasse erschaffen. Einfach mit ein paar Steinen und Kies Tief- und Flachwasserzonen gestalten und beim Gärtner des Vertrauens passende Wasserpflanzen kaufen. Noch einfacher ist es, eine flache Schale mit Wasser aufzustellen und ein paar Zweige, Moos oder Steine hineinzulegen, auf denen Insekten landen können.

Es war faszinierend, zu beobachten, wie schnell dieser neu geschaffene Lebensraum besiedelt wurde. Einige Zeit zuvor hatte ich einen Satz zu diesem Thema gelesen, der wie eine Klette in meinem Gehirn kleben blieb. Sinngemäß lautete er: Es ist nicht schwer, Tiere bei sich anzusiedeln, man muss nur die Bereitschaft mitbringen, ihnen passende Lebensräume zur Verfügung zu stellen. Leider habe ich mir nicht gemerkt, von wem dieser schlaue Satz stammt, aber ich kann sagen: Unsere Teiche sind der beste Beweis dafür.

Frank und ich hatten uns bewusst gegen eine Bepflanzung von Ufer und Böschung entschieden, wir wollten sehen, was die Natur ohne unser Zutun mit diesem neuen Spielplatz anstellen würde. Natürlich kamen viele Fragen und noch mehr Ratschläge von Freunden und Nachbarn, aber wir blieben bei unserer Entscheidung. Außer der nötigen Hangbefestigung und besagten Bäumen, die irgendwann für Beschattung sorgen sollten, hielten wir uns einfach raus und beobachteten. Und siehe da, es dauerte gar nicht lange, bis die ersten Rohrkolben ihre Blätter aus dem Wasser schoben. Wahrscheinlich waren sie aus dem benachbarten Moorgebiet eingewandert, genauso wie die Segge-Gräser und Binsengewächse, die plötzlich die Teichränder bevölkerten.

Auch an den Böschungen rundherum wanderten zügig Pflanzen ein. Dort leuchtet es mittlerweile schon im Februar gelb, weil der Huflattich seine Blüten der Sonne entgegenreckt. Die Insekten, die an warmen Wintertagen manchmal schon unterwegs sind, können eine Stärkung an der Nektar-Bar dieses Frühblühers bestimmt gut gebrauchen. Margeriten fanden sich an der sandigen Böschung genauso ein wie die Wilde Möhre, die Malve und die Luzerne, eine violett blühende, krautige Pflanze, die ein wenig an Klee erinnert. Und die Große Klette. Dieser Korbblütler trägt seinen Namen nicht umsonst, denn er ragt stolze anderthalb Meter in die Höhe. Ich mochte die Pflanze mit den prächtigen Blättern, zudem waren die pink gefüllten Blütenkörbe bei den Insekten sehr populär. Sie durfte bleiben. Natürlich. Mittlerweile habe ich meine Meinung dazu ein wenig geändert und rupfe, ich gebe es zu, ihre äußerst zahlreichen Abkömmlinge aus. Die verbreiten sich nämlich in Windeseile rund um den Teich und drohen dort mit ihren Riesenblättern alles andere zuzudecken. Wir haben der anhänglichen Klette jetzt eine Ecke am unteren Teich zugewiesen, an der sie wachsen darf, an allen anderen Stellen rücken wir ihr zu Leibe, um eine massive »Überbevölkerung« zu verhindern.

Flitzer in Jugendstil-Outfit

Die sandig-steinigen Zonen rund um die Teiche ziehen aber nicht nur Pflanzen an, die sonst nirgends auf dem Grundstück zu finden sind, sondern auch ein paar erstaunliche Wesen, die ich nie zuvor in meinem Leben gesehen hatte.

Als ich mich an einem sonnigen Maitag wieder einmal zum Nachdenken an den oberen Teich zurückgezogen hatte – eine Passage meines Jugendromans wollte und wollte einfach nicht gelingen –, nahm ich aus dem Augenwinkel eine Bewegung wahr. Etwas Schnelles, Kleines. Keine Biene, keine Fliege, ein seltsames Bewegungsmuster, das mir nicht vertraut war. Wer trieb sich da in der Mittagssonne herum? Ich ahnte zu diesem Zeitpunkt noch nicht, dass ich in diesem Flitzer meinen Meister finden würde.

Es war ein Käfer, so viel war schnell klar, aber der Kerl war unglaublich schnell auf seinen sechs Beinen und griff noch dazu zu unfairen Mitteln. Kam ich ihm nämlich zu nahe, flog er einfach davon. Ich setzte mich, Handy im Anschlag für eine Porträt-Aufnahme, und wartete. Unbeweglich. Je länger ich so dasaß, die Steine und den Sandboden beobachtete, umso mehr dieser Käfer entdeckte ich. Und tatsächlich wagte sich einer von ihnen irgendwann nah genug an mich heran, sodass ich mein Foto bekam. Ich war restlos begeistert: Dieser Ferrari unter den Käfern schillerte grünlich-kupferfarben und hatte eine cremefarbene Musterung

auf seinen Deckflügeln, die mich in ihrer Verschnörkelung sofort an Jugendstil denken ließ. Aber das war noch längst nicht alles. Beine, behaart wie ein Reh, riesige Augen und große, dolchartig gezähnte Mundwerkzeuge, die mir einen Schauer über den Rücken jagten. Wäre ich eines seiner Beutetiere, ich würde schon alleine beim Anblick seiner Kiefer tot umfallen.

Dann ging es ans Bestimmen. Ich wollte wissen, wer da in Lichtgeschwindigkeit über den Sand flitzte. Schnell fand ich heraus, dass es sich um einen Sandlaufkäfer handelte. Es kamen zwei Arten infrage: der Dünen-Sandlaufkäfer und der Berg-Sandlaufkäfer. Beide bewohnen die gleichen Lebensräume und sehen sich zum Verwechseln ähnlich. Es gab nur einen winzigen Unterschied: Dem Berg-Sandlaufkäfer wachsen Härchen zwischen den Facettenaugen … Härchen. Aha.

Ich zoomte so gut es eben ging heran, und ja, mit viel gutem Willen ließ sich tatsächlich eine Art weißer Flaum zwischen den Augen entdecken. Also ein Berg-Sandläufer. Letztendlich war es egal, beide Arten sind hübsch, unglaublich flink und stehen auf der Vorwarnliste, das heißt sie können in absehbarer Zeit gefährdet sein.

Aber die Sandläufer sind nicht die Einzigen, die Sandböden mögen. Dieser Lebensraum, der durch unsere Menschen-Brille vielleicht karg wirken mag, ist voller Leben. Ich will hier gar nicht über Ameisen, Erdflöhe und die unzähligen Kleinstlebewesen reden, aber winzige Löcher verraten mir, dass sich hier auch Wildbienen und Grabwespen gerne niederlassen. Angst muss man vor diesen solitär lebenden Insekten, die man mit etwas Geduld an ihren Nistplätzen beobachten kann, nicht haben. Sie stechen nicht beziehungsweise haben nur Mini-Stacheln, die unsere Haut nicht durchdringen können.

LEBENDIGER SAND

Viele Wildbienen, aber auch Grab- und Wegwespen nisten im Boden. Sand und sandiger Lehm sind von ihnen bevorzugte Böden, also beispielsweise trockene und wenig bewachsene Böschungen. Natürlich hat nicht jeder gleich eine Böschung im Angebot, aber wer will, kann trotzdem etwas für die kleinen Sechsbeiner tun und beispielsweise mit Sand gefüllte Blumenkästen oder einen großen Blumentopf an einem sonnigen Plätzchen aufstellen. Man sollte nur darauf achten, dass der Sand einen gewissen Lehmanteil enthält wie Sand aus dem Kieswerk. (Sand aus der Sandkiste eignet sich leider nicht!) Auch Natursteinwege mit sandgefüllten Fugen sind ein guter Weg, um die Winzlinge in den Garten zu locken.

Stille Wasser? Wirklich nicht!

S eit wir Teiche haben, hat sich ein neuer Kosmos aufgetan, der eine ganz eigene Faszination auf mich ausübt. Immer, wenn es die Arbeit erlaubt, hocke ich mich – mit viel Sonnencreme im Gesicht und in eine Wolke Mückenspray eingehüllt – ans Ufer und beobachte das wilde Treiben im Wasser. Und das ist es wirklich – eine Art Mini-Ozean, in dem es atemlose Verfolgungsjagden, lauernde Räuber und ahnungslose Opfer gibt. Schönheit und Eleganz, Tod und Verwesung, Fortpflanzung und Geburt liegen in diesen kleinen Gewässern ganz nah beisammen.

Der Rückenschwimmer beispielsweise. Diese Wasserwanzenart bewegt sich mit rudernden Hinterbeinen blitzschnell auf ihre Beute zu, gerne Kaulquappen, und sticht dann mit ihrem spitzen Saugrüssel zu. Oder der Wasserläufer, ebenfalls eine Wanze, die dank ihrer Haare an den Füßen und der Oberflächenspannung des Wassers spielend über selbiges laufen kann und dort hilflos zappelnde Insekten überfällt. Oft fällt ein ganzer Pulk der flinken Tierchen über das Opfer her, und es gibt regelrechte Prügeleien.

Für mich persönlich ist aber der Gelbrandkäfer der König unter den räuberischen Teichinsekten. Zumindest unter Wasser. Stattliche drei Zentimeter groß, schwarz-grün mit einer gelben Umrandung an Halsschild und Deckflügel. Beim Jagen habe ich den Gelbrandkäfer noch nie beobachtet, aber manchmal, wenn ich an den Teich komme, erwische ich einen, der knapp unter der Wasseroberfläche hängt und den Po in die Luft streckt. Warum er das tut? Er atmet oder besser gesagt er sammelt für den nächsten Tauchgang einen Luftvorrat unter seiner Flügeldecke. Bei den meisten Teichbesitzern ist dieser Kraftprotz nicht gerne gesehen, weil sowohl er als auch seine Larven sehr gefräßig sind und angeblich selbst vor kleinen Zierfischen nicht zurückschrecken. Ich würde vermuten, dass ihm hauptsächlich schwache oder kranke Tiere in die Fänge gehen. Der Gelbrandkäfer ist nämlich nicht nur ein beeindruckender Räuber, sondern zudem so etwas wie die Gesundheitspolizei im Teich: Er frisst auch tote Tiere, die auf den Boden gesunken sind. Bei uns müssen sich vor allem die Kaulquappen vor diesem Jäger in Acht nehmen. Kaulquappen. Schon wieder. Irgendwie scheint es die halbe Tierwelt auf die kleinen Froschlurch-Larven abgesehen zu haben.

Je länger ich das Leben in den Teichen beobachte, desto klarer wird mir, warum Frösche so große Laichballen, also so viele Eier, produzieren müssen. Wollen sie als Art überleben, hilft nur Masse. Und die produzieren die Grasfrösche bei uns. Schon im März wabern überall zwischen den Stängeln der Rohrkolben diese gallertartigen Strukturen, und im April kann man dann oft ein beeindruckendes Schauspiel beobachten: Ein lebender schwarzer Saum, der an manchen Stellen gut einen halben Meter breit sein kann, ziert die Randbereiche unserer Teiche und bewegt sich wie ein großer Schwarm mal hierhin, mal dorthin. Kaulquappen. Tausende.

Angeblich entwickeln sich aus tausend Eiern ungefähr die

Hälfte zu Kaulquappen, davon verlassen fünfzig den Teich als winzige Fröschlein, und am Ende erreicht nur ein einziger davon die Geschlechtsreife. Der Schnitt könnte besser sein. Einerseits. Andererseits sind Froscheier, Kaulquappen und die Frösche ein wichtiger Teil des komplexen Nahrungsgefüges im Tierreich.

Wer die Frösche frisst? Der ein oder andere Igel, wahrscheinlich auch die Marder, die in unseren Totholzhecken in Teichnähe eingezogen sind, Vögel und vor allem die Ringelnattern. Die grauen Schlangen mit den gelben Halbmonden am Hinterkopf fühlen sich bei uns wohl, verleiden allerdings unseren Freunden das Schwimmen im oberen Teich. Schlangen? Igitt!

Als Schwimmteich hatten wir ihn ohnedies nicht angelegt, wir kühlen höchstens mal unsere Füße darin – nach einem Tag in Bergschuhen oder Gummistiefeln. Die Ringelnattern hat das bisher nicht gestört, die sind offensichtlich hart im Nehmen. Aber sie sind scheu, diese eleganten Schwimmer. (Ihr wissenschaftlicher Name *Natrix natrix* bedeutet übrigens so viel wie »Schwimmerin«.) Gelegentlich sehen wir sie im Wasser zwischen den Rohrkolben oder eine Schwanzspitze, bevor die Schlange wieder im grünen Ufersaum verschwindet. Damit sich Ringelnattern wohlfühlen, brauchen sie neben Gewässern mit ausreichend Beutetieren auch Unterschlupfmöglichkeiten wie Stein- oder Reisighaufen, ein geschütztes Sonnenplätzchen und idealerweise einen Komposthaufen oder irgendeinen Platz, an dem organisches Material verrottet. Das hübsche Reptil bevorzugt es nämlich, seine Eier dort abzulegen, wo durch Zersetzungsprozesse Wärme entsteht. Es sucht quasi so etwas wie einen natürlichen Brutkasten für seine Nachkommen.

Wir fühlen uns jedenfalls geschmeichelt, dass diese geschützten Schlangen, die vielerorts als Glücksbringer gelten, unsere Teiche zu ihrem Lebensraum gemacht haben.

Libellen –
die Königinnen der Lüfte

Sie starrt uns aus großen Augen an, als studierte sie uns, dann schlägt sie einen Haken und sirrt ans andere Ende des Teiches, nur um eine Minute später wieder bewegungslos vor uns in der Luft zu stehen. Es ist eine Blaugrüne Mosaikjungfer, die uns da so genau unter die Lupe nimmt und dabei wie ein Edelstein in der Sonne schillert. Unter mangelndem Selbstbewusstsein leidet diese Edellibelle sicher nicht. Chefmäßig patrouilliert sie am Ufer entlang, schlägt jeden Artgenossen, der ihr nicht passt, in die Flucht. Sie ist bestimmt sechs Zentimeter lang und wird in Sachen Größe nur noch von der Blauen Königslibelle übertroffen, die gut und gerne acht Zentimeter misst und sich auch gelegentlich bei uns blicken lässt – was immer Ärger gibt. Sieht man diese himmelblaue Libelle mit dem klangvollen wissenschaftlichen Namen *Anax imperator*, kommt man nicht umhin, an einen Helikopter zu denken. Selbst unser Hund Leopold duckt sich weg, wenn die Königslibelle knapp über seinen Kopf hinwegknattert.

In Europa brachte man Libellen früher mit Übel oder Unheil in Verbindung, während sie in indigenen Kulturen Nordamerikas wahlweise für Gewandtheit und Aktivität oder Erneuerung standen. Da halte ich es mit den Ureinwohnern. Wer einmal eine Libellenlarve gesehen hat, die in Sachen Schönheit so gar nichts mit dem erwachsenen Tier zu tun hat, kann dem Thema Erneuerung, ich würde sogar sagen Rundumerneuerung, nur aus vollem Herzen zustimmen. Und auch die Sache mit der Gewandtheit und der Aktivität ist scharf beobachtet. Libellen können nämlich ihre Vorder- und Hinterflügel getrennt voneinander steuern, was sie zu wahren Flugakrobaten macht. Übrigens: Entgegen einem weit verbreiteten Irrglauben haben Libellen keinen Giftstachel (man-

Die gebänderte Heidelibelle.

che Weibchen haben einen Legestachel für die Eiablage, der ist aber harmlos), und sie greifen weder Menschen noch Haustiere an – die Einzigen, die sich vor ihnen in Acht nehmen müssen, sind ihre Beutetiere, also andere Insekten. Darunter auch Bremsen und Mücken, was sie zu äußerst willkommenen Jägern an unseren Teichen macht. Wer aber glaubt, Libellen wären nur am Wasser anzutreffen, irrt. Wenn ich herumstreife, sehe ich sie auf langen Grashalmen sitzen und sich ausruhen oder kann sie sogar beim Jagen beobachten. Selbst oben im Wald sind sie unterwegs. Libellen brauchen nämlich nicht nur Gewässer, sondern auch angrenzende Strukturen wie Wiesen, Felder und Wälder.

Mir geht jedes Mal das Herz auf, wenn ich sehe, wie viele Libellenarten sich mittlerweile bei uns tummeln – die in Bayern gefährdete Gebänderte Heidelibelle, der Blaupfeil, der Vierfleck, die elfengleichen Azurjungfern und noch viele andere mehr. Mit der Bestimmung tue ich mich schwer, einfach, weil sie so unglaublich schnell sind und nur selten stillsitzen.

VIRTUOSES LIEBESSPIEL –
das Paarungsrad der Libellen

Libellen bilden bei der Paarung das sogenannte Paarungsrad, poetischer auch »Paarungsherz« genannt. Das Männchen besitzt Hinterleibsanhänge, eine Art Zange, mit denen es den Kopf des Weibchens im Flug ergreift. Das Paarungsrad kommt aufgrund der unterschiedlichen Lage der Geschlechtsorgane zustande: Vereinfacht gesprochen liegt das des Männchens vorne, jenes des Weibchens hinten. Hat das Männchen also das Weibchen am Kopf gepackt, versucht das Weibchen mit ihrer Geschlechtsöffnung das Begattungsorgan des Männchens zu erreichen und krümmt deshalb den Hinterleib nach vorne. Je nach Art wird diese Position für eine halbe Minute, mitunter aber auch mehrere Stunden beibehalten.

Aber es ist nicht nur ihre Schönheit und Eleganz, die mich berührt, sondern auch das Wissen darum, dass es um viele Libellenarten in Deutschland mittlerweile schlecht bestellt ist. Ursache ist – das alte, traurige Lied – die Zerstörung und Veränderung ihrer Lebensräume. Sie leiden unter dem Trockenlegen von Mooren und Feuchtbiotopen, der Begradigung von Flüssen, zudem setzt ihnen der Klimawandel zu. Ich hoffe, dass uns die ganze Vielfalt dieser fliegenden Juwelen noch lange erhalten bleibt.

Ich kann aus vollem Herzen sagen: Die Teiche waren die aufwändigste Umgestaltungsmaßnahme, aber die Mühe hat sich wirklich gelohnt. Wenn wir sehen, dass Bienen, Wespen und Hornissen die Teiche als Wasser-Tankstelle nutzen, wir wieder einmal unabsichtlich ein paar Bachstelzen am Ufer aufschrecken oder Schwalben und sogar Fledermäuse dort jagen, dann wissen wir, warum wir das alles auf uns genommen haben.

Und noch jemand liebt die Teiche: Leopold, unser Hund. Pfoten kühlen, bis zum Bauch hineinwaten und trinken, Wasser beißen und Luftblasen fangen zählen nach dem Jagen von Mäusen zu seinen absoluten Lieblingsbeschäftigungen am Hof.

Kapitel 8
VON OBSTWIESEN UND ANDEREN BÄUMEN

Bis der Traum vom eigenen Hof Wirklichkeit wurde, ging ziemlich viel Zeit ins Land. Lage und Kaufpreis mussten stimmen, und idealerweise sollten möglichst viele Punkte unserer langen Wunschliste erfüllt werden. Ruhig, aber gut angebunden sollte er sein, alten Baumbestand haben, einen Teich, oder besser noch, ein Bächlein, Blick auf die Berge, etwas hügelig sollte es sein … Wie gesagt, die Liste war lang und nicht gerade bescheiden. Wir wollten nichts Geringeres als die eierlegende Wollmilchsau. Über die Zeit wurden wir demütiger, strichen einen Punkt nach dem anderen vom Zettel, bis am Schluss nur noch zwei übrig blieben: Das Grundstück sollte möglichst groß sein und eine Streuobstwiese haben. Blühende Wiesen unter knorrigen, alten Obstbäumen hatten wir uns vorgestellt, und später sollten dort dann Schafe oder Ziegen weiden. Worüber man eben so fantasiert, wenn man in Träumen schwelgt.

Nun ja, eine richtige Streuobstwiese wurde es leider nicht, aber immerhin gab es, verstreut über das ganze Grundstück, ein paar alte Obstbäume. Teilweise sogar sehr alt und allesamt schon lange nicht mehr gepflegt. Unser Herz haben wir dann doch an sie verloren. Schuld daran war ein uralter Wildapfel, der wie ein Naturdenkmal am unteren Ende thront, eine riesige Kirschpflaume, ein paar knorrige Apfel- und Birnbäume, verwilderte Zwetschgen und ein ausladender Quitten-Strauch.

Die Sache mit der Quitte hatte den Ausschlag gegeben, denn wir lieben Quitten – ihre großen Blüten, die leuchtenden Früchte, die so besonders duften, die Marmelade und das Gelee. Und Frank mag auch noch den Schnaps. Wie es der Zufall so will, ist einer unserer Nachbarn Schnapsbrenner. Nicht so einer, der nachts im Keller panscht und Selbstgebrannten produziert, der halb blind macht, sondern ganz offiziell und mit Brennrechten auf seinem Hof ausgestattet. Da unsere Quitte groß und äußerst produktiv ist, haben wir im Herbst immer weit mehr Früchte, als wir, unsere Familie und Freunde zusammen verarbeiten können. Wie praktisch, dass wir dann die überzähligen Quitten einfach in die Schubkarre packen und zu unserem Nachbarn fahren können. Der freut sich, weil er gerade bei Quitten oftmals einen Engpass hat, und Frank auch, weil ein paar Monate später immer eine Flasche Quittenbrand zurückkommt. Fühlt sich schön an, wenn man seinen Gästen nach einem guten Abendessen Schnaps aus den eigenen Quitten servieren kann.

Weil sogar wir mit unserem rudimentären Wissen erkannten, dass unsere Obstbäume seit vielen Jahren keine Schere mehr gesehen hatten, heuerten wir einen Baumschneider an.

»Wozu braucht ihr denn einen Baumschneider? Kann man doch alles selbst machen«, hörten wir von allen Seiten. Das mochte gut sein, aber wir hatten keinen blassen Schimmer von der Materie und nur wenige Bäume. Eine schlechte Kombination, fanden wir und nahmen uns vor, irgendwann einen Baumschnitt-Kurs zu besuchen, damit es auch mit der Streuobstwiese klappte.

Als der Baumschneider mit seiner Hebebühne auf unseren Hof rumpelte, war sein Urteil vernichtend: Unsere beiden Kirschbäume waren so stark von Schrotschuss, einer Pilzkrankung,

Unsere alte Quitte und die reiche Ernte dieses Jahres.

WAS IST EINE STREUOBSTWIESE?

Eine Streuobstwiese ist eine traditionelle Form des Obstanbaus. Locker verstreut und bunt gemischt stehen die meist hochstämmigen Bäume auf einer Wiese, Weide oder Mähweide. Charakteristisch für so eine Streuobstwiese ist, dass sowohl die Bäume (Obstertrag) als auch die Fläche unter den Bäumen (Weide, Heu) genutzt werden.

Von den 1950ern bis in die 1970er hinein waren Streuobstbestände akut gefährdet, unter anderem weil es Förderungen für die Rodung und Umwandlung in niederstämmige Monokulturen gab, die viel effektiver bewirtschaftet werden können. Glücklicherweise setzen sich seither Naturschützer, aber auch Landwirte und andere engagierte Menschen erfolgreich für den Erhalt dieser ökologisch wichtigen Kulturlandschaft ein, zudem gibt es finanzielle Förderprogramme vom Umwelt- und Landwirtschaftsministerium für den Erhalt, die Pflege und Neupflanzung von Streuobstbeständen.

befallen, dass er empfahl, sie zu fällen, wollten wir verhindern, dass sich auch noch alle Zwetschgen damit ansteckten. Und wir hatten uns schon gewundert, wer zum Teufel wohl all die seltsamen Löcher in die Blätter fraß. Dieser Pilz, erklärte er uns, sei in unserer Region ziemlich weit verbreitet, weil er feuchtkühles Wetter im Frühling liebt. Da ist er im Chiemgau tatsächlich gut aufgehoben. Man könnte eventuell noch versuchen, mit chemischen ... Weiter kam er nicht, weil wir ihn mit einem »Nein!« stoppten. Der Baumschneider grinste.

»Habe ich mir fast gedacht. Eine Unterpflanzung mit Meerrettich kann zwar bei leichten Fällen helfen, bei Ihnen allerdings ...«

Nicht viel besser fiel sein Urteil beim kleineren unserer beiden Walnussbäume aus. Seine Krone wurde aus zwei großen, starken Ästen gebildet, die wie ein V emporwuchsen. In der Gabelung, dem »Zwiesel«, hatte sich Fäulnis gebildet und sich zudem in einem der beiden Äste ein Baumpilz eingenistet. Ein starker Sturm, und der riesige Ast könnte auf unser Haus krachen. Dieser Ast musste also ab und der zweite stark eingekürzt werden. Als er dann auch noch feststellte, dass unsere noch junge Kastanie von Miniermotten befallen war, deren Larven mit ihren Fraßgängen die Blätter zerstören und dafür sorgen, dass sie schon im Sommer braun werden, war mir zum Heulen. Langsam verfluchte ich den Tag, an dem wir den Baumschneider bestellt hatten. Der Mann war ein Schlächter! Er muss mir meine Verzweiflung angesehen haben, denn er tätschelte mir mitfühlend die Schulter und meinte: »Des wird scho!«

Er sollte recht behalten. Die Kirschen mussten wir zwar fällen, aber unser Walnussbaum hat mittlerweile wieder eine prächtige kleine Krone und trägt Nüsse. Die Miniermotten sind wir dank Lockstoff-Falle, die Motten-Männchen in die Irre führt, und konsequentem Einsammeln und Vernichten des Laubes im Herbst so gut wie los. Den Rest, so hoffen wir, erledigen die Vögel, vor allem die Meisen, die diese Motten angeblich gerne fressen.

Mit klopfenden Herzen waren wir damals dem Baumschneider hinunter zu unserem alten Wildapfel gefolgt, sicher, dass er ein Todesurteil über ihn fällen würde. Mit Moos bewachsen, knorrig und mit verdrehtem Stamm, würde er dem kritischen Blick des Experten nie und nimmer standhalten. Ich wappnete mich innerlich, mit ihm zu verhandeln, den Baum noch einmal zu beschneiden, um ihm wenigstens noch ein paar Jahre zu schenken. Ich hätte mich nicht mehr täuschen können.

Der Baumschneider war restlos begeistert von unserem Wildapfel, seiner ausladenden Krone, dem Stamm und vor allem den Holundern, die im Kreis um ihn herum in die Höhe schossen und den alten Baum regelrecht zu stützen schienen.

»Wie? Nicht fällen? Nicht einmal beschneiden?«

Er schüttelte den Kopf. Das Wort »Naturdenkmal« stammt übrigens von ihm.

Wir waren so erleichtert, dass wir seinem Vortrag über die grassierende Eschenkrankheit gar nicht mehr richtig folgten.

Der alte Baum am unteren Ende unseres Grundstücks ist also offensichtlich nicht nur für uns etwas Besonderes. Im Frühling sieht unser Wildapfel aus, als wäre er mit Schnee bedeckt. Übergossen mit duftenden weißen Blüten, zieht er so viele Insekten an, wie kein anderer unserer Obstbäume es vermag. Und obwohl er schon so alt ist, trägt er jedes Jahr Tausende winzige Äpfelchen. Für uns sind die zwar ungenießbar, aber irgendjemand unter den tierischen Obstessern wird sich schon daran gütlich tun.

Der Wildapfel und seine Holunderstützen erschaffen einen ganz eigenen Mikrokosmos, den wir weitestgehend ungestört lassen. Wir mähen nur einmal im Jahr mit der Sense dieses wilde Durcheinander aus Brennnesseln, Goldnesseln, Klebkraut und anderen, das unter dem Baldachin seiner Krone wuchert. Leider hat unserem Wildapfel über die letzten Jahre der ein oder andere Sturm zugesetzt – hier ein Ast abgebrochen, dort ein dürrer »Finger«, der aus dem Grün ragt. Aber wir hoffen, dass uns dieser besondere Baum trotzdem noch lange erhalten bleibt.

Die Sache mit dem Baumschnitt-Kurs sind wir zwei Jahre und ein paar neu eingepflanzte Obstbäume später tatsächlich angegangen. Das Landratsamt bietet diesen dreitägigen kostenfreien Lehrgang jedes Jahr an. Also haben wir uns angemeldet und im März wieder die Schulbank gedrückt. Es war saukalt und regnerisch, und die Berge im Hintergrund leuchteten so weiß, als wären wir mitten im Winter. Nach einem Vormittag Theorie ging es hinaus in eine Streuobstwiese, die dringend Pflege brauchte. Eingepackt wie Skifahrer standen wir andächtig im Kreis um einen Baum. Eine Leiter wurde aufgestellt.

»Wer will anfangen?«

Noch bevor ich mich so recht versah, hielt ich eine Schere in meinen behandschuhten Fingern und kletterte die Sprossen hoch. Krampfhaft versuchte ich, mich zu erinnern, was wir am Vormittag gelernt hatten. Leitäste, Fruchtäste, Licht in die Krone … Zögerlich setzte ich die Schere an und sah hinunter zum Seminarleiter. Aller Vernunft zum Trotz fühlte es sich für mich fast wie Körperverletzung an, einem Baum einfach ein paar Äste abzuschneiden, noch dazu, wenn es die falschen waren. Schon kamen von den versierteren Teilnehmern in der Gruppe erste Zurufe. Der Leiter nickte mir kurz zu, dann drehte er sich zu den anderen um.

»Wer schneidet, hat recht.«

Damit war das Thema mit der Einmischung erledigt, und er führte mich geduldig durch meinen ersten Baumschnitt. Mein Kandidat sah danach ziemlich armselig aus, aber der Seminarleiter versicherte mir, dass alles seine Richtigkeit hatte. Frank war deutlich weniger zögerlich als ich. Als es an die ganz großen Bäume ging, ließ er sich, ohne mit der Wimper zu zucken, einfach von einer Art Traktorschaufel in die Krone heben und schnitt beherzt mit großem Gerät drauflos.

Dass wir am Wochenende darauf unsere Obstbäume, die wir im Jahr zuvor gepflanzt hatten, beschnitten, versteht sich fast von selbst. Bei jedem Baum besprachen wir erst gemeinsam den Schnitt, bevor einer von uns die Leiter hochkletterte und loslegte. Quatschte der andere dann neunmalklug dazwischen, kam der magische Satz, der bis heute seine Anwendung bei uns findet: »Wer schneidet, hat recht!«

Ob die Bäume den Schnitt mochten – auch das haben wir gelernt –, zeigen sie einem im nächsten Jahr.

Vielfalt im Garten und am Gaumen

Wir luden den Seminarleiter auf unseren Hof ein. Sein Herz schlug für die Bewahrung alter Sorten, und er nutzte jede Gelegenheit, alte Baumbestände zu inspizieren, um nach seltenen Exemplaren zu suchen. Oft, so erzählte er uns, schlummern gerade in alten Gärten wahre Schätze. Oder irgendwo mitten auf einem Feld. Im Rahmen eines bayernweiten Projektes werden solche besonderen Bäume katalogisiert, dann wird versucht, sie vorsichtig durch Schnittmaßnahmen zu verjüngen. Zusätzlich werden im Winter Edelreiser (ein bleistiftstarker, circa dreißig Zentimeter langer Trieb einer »Edelsorte« aus dem zurückliegenden Sommer) geschnitten, um zur Bewahrung der Art daraus neue Bäumchen zu ziehen. Wir fanden dieses Projekt zur Erhal-

tung der Artenvielfalt von Obstbäumen genial und hofften natürlich, etwas beitragen zu können. Um es kurz zu machen: Auf unserem Grundstück wuchs kein Schatz. Wie zu erwarten, tummeln sich bei uns zwar alte Sorten wie der Rheinische Bohnapfel, die Gute Luise von Avranches (eine Birnensorte) oder eine Schönberger Zwetschge, aber eben nichts außerordentlich Seltenes. Gelernt haben wir an diesem Tag trotzdem viel, und es macht einfach Spaß, zu wissen, mit wem wir es in unserem Garten zu tun haben.

Nur ungern gestanden wir uns ein, dass uns der alte Obstbaumbestand nicht ewig erhalten bleiben würde. Also beschlossen wir, kräftig aufzuforsten und wann immer möglich, das mit alten Sorten zu tun. Für die Vielfalt im Garten und an unseren Gaumen.

Das Sorten-Thema beschäftigt uns, seit wir irgendwann gelesen hatten, dass es im 19. und 20. Jahrhundert noch um die zweitausend bis dreitausend Apfelsorten im deutschsprachigen Raum gegeben hatte. Die Betonung liegt auf »hatte«, denn die Hälfte davon ist mehr oder weniger verschwunden. Schaut man sich heute im Supermarkt um, ist von Vielfalt nicht mehr viel zu sehen. Noch etwa fünfzehn Sorten sind im Angebot, sie alle gehen auf eine Handvoll »Stammeltern« wie Cox Orange, Golden Delicious und Jonathan zurück. Der Handel bevorzugt süß-fruchtige Sorten, die möglichst einheitliche Früchte und gute Erträge liefern. Danach wird gezüchtet und in Plantagen angebaut. Oft mit viel Aufwand und hohem Pestizideinsatz – um die zwanzigmal im Jahr wird im konventionellen Anbau angeblich gespritzt. Da frage ich mich natürlich, ob der Spruch »An apple a day, keeps the doctor away« überhaupt noch Gültigkeit hat.

WARUM IST ARTENVIELFALT IM OBSTANBAU WICHTIG?

Artenvielfalt ist quasi wie eine Versicherung gegen Naturkatastrophen, denn historische Sorten sind oft weniger anfällig für Krankheiten wie Schorf oder Baumkrebs, und manche kommen mit sich verändernden Klimabedingungen besser zurecht. Ein möglichst großer Genpool ermöglicht zudem die Entwicklung neuer Sorten, die dann an veränderte Klimabedingungen angepasst sind oder besser mit Schädlingen zurechtkommen.

Auch für Allergiker sind alte Apfelsorten durchaus interessant, denn viele von ihnen enthalten mehr Polyphenole als moderne Züchtungen und werden dadurch oft besser vertragen. Polyphenole sind für das Braunfärben beim Anschnitt verantwortlich und wurden bei den Supermarkt-Sorten weitestgehend eliminiert.

Für mich gesetzt war der Klarapfel, dieser duftende, leicht nach Zitrone schmeckende hellgelbe Apfel, den ich noch aus meiner Kindheit kannte. Seit Ewigkeiten hatte ich in keinen mehr gebissen, denn dieses sensible Früchtchen kann man nirgends kaufen. Er ist kaum lagerfähig – schon nach zwei Wochen wird er mehlig – und bekommt sehr schnell Druckstellen. Am besten, man schnabuliert ihn direkt vom Baum. Ideal für uns, denn wir lieben es, uns durch den Garten zu naschen. Als Frühapfel würde er den Erntereigen schon Ende Juli eröffnen. Außerdem ist der Klarapfel mit viel Pollen gesegnet und damit gut für Insekten und die Bestäubung anderer Apfelsorten.

Leider konnten wir nur eine Saison lang Kläräpfel vom Baum naschen, denn schon im darauffolgenden Winter fiel er den Wühlmäusen zum Opfer. Statt Wurzeln hatte das anderthalb Meter hohe Bäumchen plötzlich nur noch einen Stumpf. Und das, obwohl wir den Wurzelballen bei der Pflanzung drei Jahre zuvor mit verzinktem Hasendraht geschützt hatten. Ausgerechnet mein Klarapfel. Es war zum Verzweifeln. Nachgepflanzt haben wir ihn bisher noch nicht, aber wir werden es bestimmt noch einmal versuchen.

Aus zwei mach eins.
Die Kunst des Veredelns

Mittlerweile stehen in unserem Garten Apfelbäume mit so klangvollen Namen wie Goldrenette Freiherr von Berlepsch oder kurz auch Roter Berlepsch genannt, Gravensteiner, Ananasrenette oder der Wintermaschanzker, ein steirisches Urgestein, das schon 1841 in Aufzeichnungen erwähnt wird. Im Oktober geerntet, ist dieser Apfel zwar erst im Dezember genussreif, aber kann dafür angeblich bis Juni gelagert werden. Wenn alles gut läuft, werden wir in diesem Herbst die allerersten eigenen Maschanzkers vom Baum pflücken. Bis Juni nächsten Jahres werden die es wahrscheinlich nicht schaffen, es sind nur acht Stück, aber trotzdem sind diese Äpfel für uns etwas ganz Besonderes: Die beiden Maschanzker-Bäumchen und die Ananasrenetten hatten wir 2016 nämlich selbst veredelt.

Damals, bei uns am Hof in die Erde eingebuddelt, machten sie erst einmal nicht viel her: vierzig Zentimeter lange Stöckchen, die aussahen, als hätte jemand versucht, mit Gummiband ein kleines Ästchen daran zu befestigen. Wir konnten uns kaum vorstellen, dass aus diesen Winzlingen, die so etwas wie unsere Gesellenstücke aus dem Kurs waren, tatsächlich Obstbäume würden. Aber schon im Jahr darauf schossen sie ordentlich in die Höhe, und wir waren stolz ohne Ende, dass die Sache mit dem Veredeln geklappt hatte.

Warum wir den Kurs belegt haben?

Die Vorstellung, jeden Obstbaum einfach selbst vermehren zu können, fanden wir spannend. Da gab es nämlich eine herrliche Zwetschge im Garten einer Freundin oder diesen uralten Baum mit leuchtend roten Äpfeln am Feldweg um die Ecke. Alles, was wir tun mussten, war im Winter Edelreiser von diesen Bäumen schneiden, im Frühling dann Unterlagen kaufen, also Wurzeln mit einem Stück Stamm, und das eine mit dem anderen verbinden.

EDELREIS & UNTERLAGE

Die Unterlage liefert die Wurzel für den neuen Obstbaum und bestimmt, wie viel Wasser und Nährstoffe der Baum aufnimmt, wie stark er wachsen kann und wie robust er ist. Der Edelreis bestimmt die Früchte, also ob man Wintermaschanzker, Gravensteiner oder eine andere Sorte ernten wird. Veredeln ist eine Form von ungeschlechtlicher Vermehrung, bei der zwei Pflanzen zu einer verbunden werden.

Der Vorteil liegt auf der Hand: Steckt man einen Kern in die Erde, hätte der Nachwuchs nicht mehr die gleichen Merkmale wie die Mutterpflanze, weil er durch Bestäubung einer Blüte mit Pollen einer anderen Pflanze entsteht. Hingegen kann mit dem Edelreis, den man aufpfropft, eine kontrollierte Vermehrung durchgeführt und eine Art Klon hergestellt werden. Die Sorte bleibt so »rein«.

Klingt in der Theorie einfach, erfordert aber etwas Geschick und Übung. Vor allem, weil es mehrere Möglichkeiten des Veredelns gibt – je nach Jahreszeit und je nach Dicke von Unterlage und Edelreis kommen jeweils andere Techniken zum Einsatz. Aber egal, welche Technik man anwendet, eines haben sie alle gemeinsam: Man hantiert mit einem scharfen Messer. Einem sehr scharfen, das sich auch prompt am ersten Tag des Kurses in meinen Finger bohrte. Gut, dass unsere Lehrer viel Erfahrung und einen Verbandskasten dabeihatten. Mein Finger wurde fachmännisch desinfiziert und mit einem Pflaster verarztet, und weiter ging es. Noch vorsichtiger als vorher und dann auch verletzungsfrei. Ich glaube, am Ende der vier Tage gab es kaum jemanden, der nicht Bekanntschaft mit der scharfen Klinge gemacht und irgendwo ein Pflaster kleben hatte. Trotzdem, der Kurs war extrem spannend, und wir hatten nicht nur neues Wissen und unsere ersten, selbst veredelten Bäumchen mit nach Hause genommen, sondern auch einen ganzen Kofferraum voller Unterlagen. Nicht Papierkram, sondern die Unterlagen mit den Wurzeln …

Denn die, so hatten wir gelernt, steuerten nicht nur das Wachstum und die Robustheit der Bäumchen, sondern konnten mitunter sogar die Wühlmäuse austricksen. Klar, dass wir da hellhörig wurden. Das Zauberwort hieß: Weißdorn. Angeblich mögen die gefräßigen Nager die Wurzeln dieses Rosengewächses nicht, auf dem man Birne, Quitte und Mispel veredeln kann. Also haben wir uns gleich mit Weißdorn und ein paar anderen Unterlagen eingedeckt, die beim Kurs übrig geblieben waren und günstig abgegeben wurden. Zu Hause angekommen, pflanzten wir die zig kleinen Bäumchen ein, die später gekappt werden und als Unterlagen dienen sollten.

Leider kann ich an dieser Stelle nicht berichten, ob die Sache mit dem Weißdorn, dem Veredeln und den Wühlmäusen auch wirklich klappt. Denn schon ein paar Tage später hatte uns der Alltag wieder, wir pendelten zwischen München und dem Chiemgau, mähten Wiesen, säten Gemüsesamen aus, starteten neue Projekte und … vergaßen den Weißdorn, der irgendwo im hohen Gras stand. Das Jahr war schneller rum, als wir gucken konnten, und auch das darauffolgende verschwand auf rätselhafte Weise aus dem Kalender, und der Weißdorn wuchs und wuchs. Nach zwei Jahren waren aus den kleinen Dingern zerzauste Bäumchen, nach einem weiteren schon fast Bäume geworden, die zum ersten Mal blühten und im Herbst rote Beeren trugen. Jetzt waren sie viel zu prächtig, um abgeschnitten und als Unterlage verwendet zu werden.

Seither haben wir, ungeplant und nicht ganz freiwillig, eine Mini-Weißdorn-Hecke, an der wir uns jeden Tag aufs Neue erfreuen. Schadet nicht, denn der Weißdorn, das wussten schon die Alten, verfügt über große Heilkräfte. Seine Inhaltsstoffe stärken Herz und Gefäße und sind in Blättern, Blüten und Beeren enthalten. Vielleicht brauchen wir seine pflanzliche Unterstützung irgendwann – wenn die Wühlmäuse endgültig das Kommando auf unserem Hof übernehmen und unser Blutdruck ungesund ansteigt. Jedenfalls habe ich mir fest vorgenommen, aus den Früchten irgendwann einmal Marmelade zu machen. Falls ich es nicht wieder vergesse …

Einige der anderen Unterlagen haben wir im Folgejahr veredelt. Zwar sind nur wenige angegangen, aber dafür haben wir dazugelernt. Nämlich: Es ist deutlich schwieriger, zumindest für uns Anfänger, einen Edelreis auf eine bereits eingepflanzte Unterlage zu pfropfen. Beide »Einzelteile« in der Hand halten zu können und das Bäumchen erst danach einzupflanzen, wie im Kurs, erleichtert das Vorhaben ungemein. Umso mehr haben wir uns dann gefreut, dass wenigstens eines unserer Experimente aufgegangen ist.

Einer unserer uralten Zwetschgenbäume bildet viele Wurzelausläufer, sogenannte Wurzelbrut. Überall schießen diese wilden Triebe aus dem Boden, wobei viele gleich wieder dem Mäher zum Opfer fallen. An einer Stelle lassen wir aber gezielt ein paar wenige stehen, um dort irgendwann eine neue Hecke anzulegen. Als beim Veredeln ein Stück Edelreis von der Schönberger Zwetschge übrig blieb, habe ich kurzerhand einen dieser Wurzelausläufer gekappt und die Schönberger Zwetschge draufgepfropft. Sprach doch nichts dagegen, auch von der Hecke leckere Früchte zu ernten, oder? Und da wir bisher noch nie beobachtet hatten, dass Wühlmäuse Wurzelausläufer abnagen, versprachen wir uns davon, endlich einen jungen Obstbaum im Garten zu haben, der unbehelligt von scharfen Nagerzähnen aufwachsen konnte. Tatsächlich hat das mit dem Veredeln geklappt, das Bäumchen wächst kräftig und damit unsere Hoffnung, in naher Zukunft aromatische Schönberger Zwetschgen zu ernten.

Tierischer Hotelbetrieb

Die Streuobstwiesen, an denen wir arbeiten, sind aber nicht nur gut für unsere romantische Ader, sondern auch ökologisch gesehen relevant. Durch die Kombination aus Wiese und

Gehölz entsteht eine Vielfalt an Strukturen, die Tieren und Pflanzen als Lebensraum dienen. Obstwiesen sind blütenreich, nicht nur im Frühling, bieten Nahrung, Nist- und Rückzugsmöglichkeiten und dienen als Sitzwarten für Vögel. Je älter der Bestand, umso besser, denn alte Bäume bilden in ihren Stämmen oft Höhlen, die gerne von Steinkauz oder Siebenschläfer genutzt werden, und bieten Totholz, das ebenfalls viele Fans in der Tierwelt hat. Eine Streuobstwiese ist also ein lebendiges Mosaik aus verschiedenen Lebensräumen.

Da sind zum Beispiel die Hornissen. Die friedlichen Riesen tauchen verhältnismäßig spät im Jahr auf – vor Mai bekommen wir sie bei uns am Hof nicht zu sehen. Um diese Zeit sind es Königinnen auf der Suche nach einem passenden Nistplatz. Auch sie lieben Baumhöhlen, nehmen aber in Ermangelung selbiger gerne auch mal leere Nistkästen oder eine Ecke in einem Schuppen in Beschlag.

»Königin sein« ist gerade am Anfang der Karriere ein echter Knochenjob. Ein Nistplatz muss ausgespäht, die ersten Waben gebaut und Eier gelegt werden. Erst, wenn die ersten Arbeiterinnen aus den Eiern geschlüpft sind, stellt die Königin ihre Ausflüge nach und nach ein und widmet sich nur noch dem Brutgeschäft. Wir haben oft Gelegenheit, Hornissen live zu beobachten – wenn sie sich am Saft blutender Bäume stärken oder mit ihren kräftigen Kieferzangen lautstark morsches Holz abschaben, aus dem sie Baumaterial für ihre Nester machen.

Manchmal muss man beim Beobachten auch den Kopf einziehen. Nämlich dann, wenn die Hornisse im Flug torkelt wie eine betrunkene Karnevalsprinzessin, das Brummen laut und die Flugbahn unkalkulierbar ist. Ist mir letztes Jahr passiert. Noch bevor ich so richtig verstanden hatte, was sich da vor meinen Augen abspielt, verschwand die Hornisse zwischen den Zwetschgenbäumen. Ihr seltsames Verhalten ließ mir keine Ruhe. Leise – so hoffte ich zumindest – pirschte ich durch das Gebüsch hinter ihr her. Ich wollte sie weder bedrängen noch stören, also hielt ich so viel Abstand wie möglich, ohne sie dabei zu verlieren. Meine Sorge war unbegründet – ihr sonores Brummen wies mir den Weg. Und wurde plötzlich wieder lauter. Da taumelte sie schon, knapp zwei Meter vor meiner Nase, wieder zwischen den Blättern hervor. Jetzt sah ich, warum sie diesen seltsamen Zickzackkurs geflogen war: Meine Hornissen-Königin hatte eine Wespe gefangen, und die dachte offensichtlich nicht im Traum daran, kampflos aufzugeben. Und so torkelten die beiden hoch in den Himmel hinauf und verschwanden irgendwo in der Krone unseres alten Birnbaums.

Der ist bei Hornissen ohnedies sehr populär, vor allem, wenn die Früchte reif sind. Dann schwärmen die großen Brummer um den Baum und schlagen sich die Bäuche mit Birne voll. Uns stört das nicht, es ist genug für alle da. Einzig, wenn wir mit dem Pflücker anrücken, um zu ernten, müssen wir ein wenig achtgeben. Nicht, weil die Hornissen uns jemals angegriffen hätten, aber die ein oder andere ist schon mal samt Birne in den Beutel geplumpst und hat dann ob dieses unfreiwilligen Absturzes übellaunig durch den Stoff gebrummt. Ist ihr nicht zu verdenken, ich wäre auch sauer, wenn mich jemand beim Mittagessen einfach vom Tisch wegzöge.

Übrigens: Hornissen sind in ihrem Bestand gefährdet und in Deutschland streng geschützt. Sie dürfen weder getötet noch ihre Nester zerstört werden!

Apropos achtgeben: Barfußlaufen auf der Obstwiese kann ich zur Erntezeit nicht wirklich empfehlen. Das Fallobst zieht viele Insekten, sogar Schmetterlinge wie den Admiral an, aber neben Fliegen und Hornissen eben auch jede Menge Wespen. Es ist ein einziges großes Fressen, und sogar Arten, die sich sonst nicht grün sind, sitzen dann einigermaßen friedlich nebeneinander und lassen sich die süßen Früchte schmecken. Das wissen auch Rotschwänzchen und Libellen, die sich um diese Jahreszeit auffällig oft zwischen den Obstbäumen herumtreiben. Allerdings locken sie nicht die reifen Früchte, sondern die Aussicht auf leichte Beute. Aber nicht alle Fraßspuren, die wir am Fallobst entdecken, stammen von Insekten. Vögel, Igel, Mäuse und andere Kleinsäuger holen sich ebenfalls ihren Anteil am überreifen Obst. Sogar ein etwas größeres Säugetier treibt sich um diese Jahreszeit oft unter den Obstbäumen herum: Leopold, unser ewig hungriger Hund, der Äpfel und Zwetschgen liebt. Das bekommt ihm in großen Mengen überhaupt nicht, und zudem haben die Wespen wenig Mitleid mit so einer Hundenase. Da bei uns an einigen Stellen im Garten Fallobst liegt, haben wir letztes Jahr begonnen, ihn an einen Maulkorb zu gewöhnen – schließlich können wir nicht ständig hinter ihm herrennen. Das Magen-Problem ist damit gelöst, die Sache mit den Wespen nicht. Jetzt hoffen wir darauf, dass unserem verfressenen Vierbeiner irgendwann die Lust vergeht, mit dem Maulkorb durch die Wiese zu stöbern. Seinen Anteil an der Ernte bekommt er trotzdem – nämlich von mir. Koche ich Mus oder Marmelade ein, fällt dabei immer etwas für ihn ab.

Den größten Teil des angematschten Fallobstes sammeln wir regelmäßig ein und verklappen ihn bei den entfernteren Totholzhecken, die nicht an die Gärten unserer Nachbarn grenzen. Dort können sich die Tiere dann ungestört über den ganzen Winter daran bedienen. Einen kleinen Teil belassen wir für die nächtlichen Nascher auf der Obstwiese, der Rest wird verarbeitet: verwertbare Früchte in der Küche zu Mus, Marmelade oder Dörrobst, alles andere in der Terra Preta. Und noch etwas bleibt auf der Obstwiese: Äste und Zweige, die vom Wind abbrechen oder beim Schnitt anfallen – sofern der Baum gesund ist. Wir schichten sie zu Haufen auf und überlassen sie ihrem Schicksal oder

Unser Insektenhotel, wie so vieles aus Zufall entstanden – und bestens bewährt.

besser gesagt den Tieren. Selbst bei einem neu angelegten Reisighaufen dauert es nie lange, bis das erste Rascheln und Fiepen zu hören ist. Vor allem Eidechsen lieben dieses schützende Gewirr aus großen und kleinen Ästen. Im Frühling, wenn es langsam wärmer wird, räkeln sich diese wechselwarmen Tiere dort in der Sonne, um auf Betriebstemperatur zu kommen. Sie sind erstaunlich unbeeindruckt, wenn wir oder Leopold vor ihrem Eidechsenwohnkomplex auftauchen. Anscheinend wissen die kleinen Echsen ganz genau, dass sie blitzschnell in die tiefen Schichten des Haufens abtauchen und sich in Sicherheit bringen können. Und bestimmt gibt es im Garten größere Gefahren als uns drei. Igel, Marder und Vögel zählen zu ihren natürlichen Feinden, und von denen haben wir eine ganze Menge.

Aber nicht nur Eidechsen finden auf unserer Obstwiese Unterschlupf. Für Wildbienen, Grabwespen & Co. haben wir dort eine Art Insektenhotel aufgestellt. Ursprünglich zwei Lagerstätten –

195

für alte Ziegel und morsche Holzbalken –, die wir nur so lange dort liegen lassen wollten, bis wir einen geeigneten Platz gefunden hätten. Es blieb wieder einmal beim Vorsatz.

Frank erklärte irgendwann, wie idiotisch es eigentlich wäre, das alte Zeug irgendwo hinzuschleppen, wo es dann erst recht wieder im Weg rumläge. Da musste ich ihm recht geben. Also stapelte er die Ziegel in zwei Lagen übereinander, darauf kamen die Holzbalken, die er mit Draht zu einem stabilen Quader verschnürte. Dann rückte ich mit dem Akkuschrauber an und bohrte Löcher ins Holz. Möglichst sauber, in verschiedenen Größen, aber immer mindestens sechs Zentimeter tief, damit hungrige Vögel nicht an den Insektennachwuchs herankamen. Zig Löcher. Was mir am nächsten Tag einen ausgewachsenen Muskelkater in den Armen bescherte. Aber das war schnell vergessen, als die ersten Wildbienen einzogen und wir sie bei ihrem emsigen Pendelflug zwischen den Blüten in unseren Wiesen und dem Hotel beobachten konnten. Dick bepackt mit Pollen, zwängten sie sich in die Löcher, um Vorräte für ihren Nachwuchs anzulegen, und verschlossen sie nach verrichteter Arbeit und Eiablage mit Steinchen, Holzmehl oder anderem Baumaterial. Da hat jede Art so ihre eigene Technik. Jeden Tag, an dem wir das Insektenhotel inspizierten, entdeckten wir mehr zugemauerte Löcher. Und auch im Parterre, bei den Ziegeln, war reger Flugverkehr zu verzeichnen. So haben die vermeintlich überflüssigen Restbestände aus der Sanierungszeit doch noch zu einem sinnvollen zweiten Leben gefunden.

Vogel-Nistkästen finden sich ebenfalls auf unserer Obstwiese. Obwohl unser Grundstück viele unterschiedliche Nistmöglichkeiten bietet, werden diese »Fertigwohnungen« gerne angenommen – vor allem von Blaumeisen, Kohlmeisen und Spatzen. Die fünfzehn Kästen, die bei uns auf dem Grundstück verteilt sind, sind eigentlich immer besetzt, oft auch zweimal im Jahr.

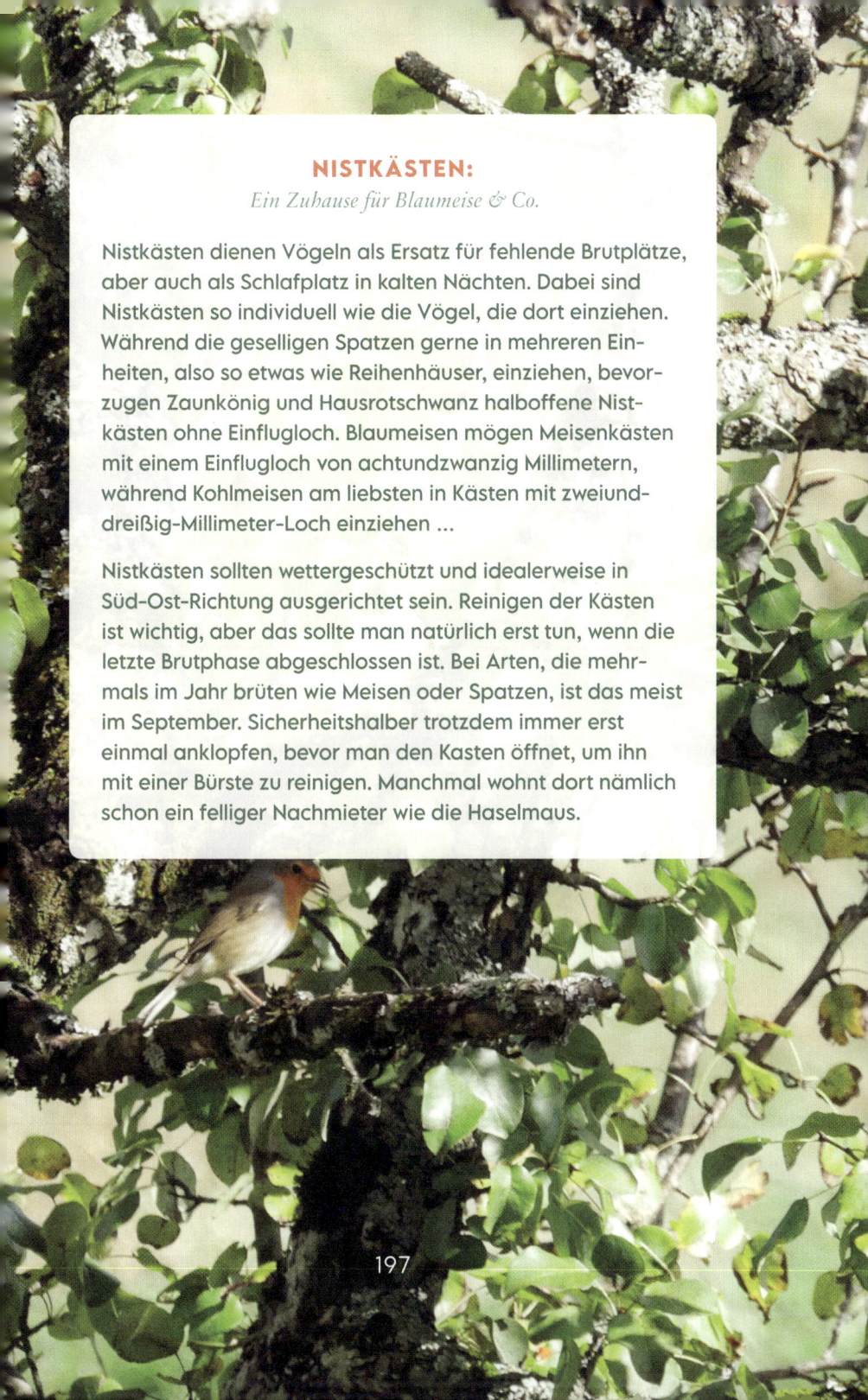

NISTKÄSTEN:
Ein Zuhause für Blaumeise & Co.

Nistkästen dienen Vögeln als Ersatz für fehlende Brutplätze, aber auch als Schlafplatz in kalten Nächten. Dabei sind Nistkästen so individuell wie die Vögel, die dort einziehen. Während die geselligen Spatzen gerne in mehreren Einheiten, also so etwas wie Reihenhäuser, einziehen, bevorzugen Zaunkönig und Hausrotschwanz halboffene Nistkästen ohne Einflugloch. Blaumeisen mögen Meisenkästen mit einem Einflugloch von achtundzwanzig Millimetern, während Kohlmeisen am liebsten in Kästen mit zweiunddreißig-Millimeter-Loch einziehen ...

Nistkästen sollten wettergeschützt und idealerweise in Süd-Ost-Richtung ausgerichtet sein. Reinigen der Kästen ist wichtig, aber das sollte man natürlich erst tun, wenn die letzte Brutphase abgeschlossen ist. Bei Arten, die mehrmals im Jahr brüten wie Meisen oder Spatzen, ist das meist im September. Sicherheitshalber trotzdem immer erst einmal anklopfen, bevor man den Kasten öffnet, um ihn mit einer Bürste zu reinigen. Manchmal wohnt dort nämlich schon ein felliger Nachmieter wie die Haselmaus.

Einer dieser Kästen hängt an unserem Walnussbaum vor meinem Schreibtischfenster. Meist sind es Spatzen, in unserem Fall Feldsperlinge, die ihn in Beschlag nehmen. Für meine Konzentration ist das suboptimal, denn zu gerne beobachte ich die Vögel bei ihrem Tagesgeschäft. Mit großem Eifer wird der Nistkasten ausgepolstert – unser Mulch landet genauso in der Fertigwohnung wie Leopolds Haare, die wir nach dem Ausbürsten immer mal wieder in einen Strauch hängen. Da unser Vierbeiner, wie unser Gemüse, unbehandelt und hundert Prozent bio ist, kein Problem. Das ist aber noch nicht alles, unsere Spatzen fügen ihrem Nest noch eine ganz besondere Zutat bei. Mir ist irgendwann aufgefallen, dass die Spatzen sich oft an unseren großen Lavendelbüschen, die direkt unter meinem Bürofenster wachsen, zu schaffen machen. Energisch rupfen sie an der Pflanze, bis sie ein Blatt abgerissen und im Schnabel haben, und verfrachten es dann in den Nistkasten. Ich kann nur spekulieren, warum sie das tun. Ich vermute, dass sie sich mit dem stark duftenden Lavendel Ungeziefer vom Leib halten. Ziemlich schlau, finde ich.

Spatzen beobachten macht einfach riesigen Spaß. Sie sind gesellige Vögel, die mit ihrem lauten Gezwitscher unseren Tag untermalen und mich oft zum Lachen bringen, wenn sie mit viel Getue und Getöse in der Vogeltränke baden, die Jungvögel den Landeanflug üben oder sich an kühlen Tagen im Gebüsch aneinanderkuscheln.

Die Beschreibung unseres Hotel-Imperiums wäre allerdings unvollständig, würde ich nicht noch kurz unsere Lesestein-Haufen erwähnen.

Auf unserem Grundstück haben Steine die Eigenschaft, plötzlich und ungelegen aufzutauchen. Beim Mähen oder Graben beispielsweise. Wir sammeln diese Störenfriede dann ein und legen Steinhaufen an, denn ein ungeschriebenes Gesetz besagt: Braucht man einen Stein – zum Beschweren oder Befestigen –, ist bestimmt keiner zur Hand. So kommt es, dass sich über die Jahre mehrere solcher Haufen an strategischen Stellen wie der Obstwiese etabliert haben und mittlerweile mehr Steine rumliegen, als wir jemals brauchen werden. Nützlich sind sie trotzdem. Sie bieten Schutz und sichere Plätze zum Überwintern für Insekten, Spinnen, Eidechsen, Blindschleichen und allerlei anderes Getier.

Eines haben wir über die Jahre hier am Hof gelernt: Wenn man die Welt durch die Biotop-Brille betrachtet, gibt es kaum etwas, das nicht noch irgendeinem sinnvollen Zweck zugeführt werden kann, ob es nun Holz, Steine, Heu oder eben auch Fallobst ist.

Kapitel 9

MEINE LIEBLINGSPLÄTZE – DRAUSSEN UND DRINNEN

Am äußersten Rand unseres Grundstücks – oben am Hang, wo die mächtigen alten Buchen thronen – verliere ich mich oft. Am Rande des Waldes, in diesem Zwischenreich, herrscht eine besondere Atmosphäre, in die ich gerne eintauche, wenn ich eine kleine Auszeit brauche. Dieser Saum beherbergt auf jedem Quadratzentimeter so viel Leben, dass ich aus dem Staunen nicht mehr herauskomme. Und genau dieses Staunen über die kleinen und großen Wunder der Natur ist es, das mich wieder einnordet, mich ganz zurück in meine Mitte bringt. Dort oben kann ich alles vergessen, sogar die Zeit. Es ist ein wenig wie in diesen alten Märchen: Ein Mensch steigt hinab in das Reich der Elfen oder Zwerge, vermeintlich nur für einen kurzen Moment, und wenn er wieder in seine Welt zurückkehrt, sind Jahre vergangen.

Der schmale Weg, den Frank für mich dort oben mäht, mäandert vielleicht fünfhundert Meter am Waldrand entlang – doch ich kann dafür gut und gerne zwei Stunden brauchen. Erst, wenn ich auf den Hof, in »meine Welt«, zurückkehre und mein Mann mich verwundert fragt, wo ich denn die letzten zwei Stunden gewesen bin, wird mir klar, dass mich das Zwischenreich wieder einmal verschluckt hat.

Steige ich vom Hof hinauf zum Wald, empfangen mich wilde Blumen und Kräuter wie Giersch, Disteln, Witwenblumen, Vogelwicke und der Klebrige Salbei. Dazwischen schießen Buchen, Eschen und Ahornschösslinge in die Höhe, oft seltsam krumm und buschig, weil sie jeden Winter von den Rehen beknabbert werden. Gleich dahinter liegt ein undurchdringlicher Dschungel aus Brombeeren und jungen Bäumen, zwischen denen immer mal wieder Holunder, Schneeball oder auch Pfaffenhütchen – Rotkehlchens Lieblingsspeise – hervorlugen. Betritt man dieses wilde Reich, summt, brummt und flattert es, unzählige Insekten naschen an den Blüten, sammeln Pollen, vollführen ihren Hochzeitstanz. Der Gefleckte Schmalbock, ein hübscher, schwarz-gelb gestreifter Käfer, grast auf den Gierschdolden, die er sich oft mit

Soldatenkäfern teilt. Wildbienen, so schnell und wendig, dass ich es aufgegeben habe, sie fotografieren zu wollen. Auch mein Freund, der Trauer-Rosenkäfer, fühlt sich hier oben pudelwohl, und so regelmäßig, wie ich ihn mittlerweile bei uns antreffe, frage ich mich, ob der Kerl wirklich so selten ist, wie behauptet wird.

Am faszinierendsten aber ist hier oben die Dichte an Schmetterlingen. Schachbrett, Brauner Waldvogel, das Große Ochsenauge und andere Falter gaukeln durchs Gras, sitzen oft einträchtig auf den Blüten, als hätte sie jemand dort mit viel Liebe hindrapiert. Ich werde nie müde, ihnen bei ihrem Tanz zuzusehen, wenn sie scheinbar selbstvergessen von Blüte zu Blüte ziehen.

Übertroffen wird das nur noch von einem Schauspiel, das sich manchmal zur Mittagstunde im Distelfeld zuträgt. Genauer gesagt im windgeschützten Teil davon, der sich in eine kleine Bucht am Waldrand schmiegt. Betritt man diese Lichtung an einem warmen Tag, dann duftet es dort süß nach Honig, und überall sitzen große orange Schmetterlinge mit braunen Tupfen auf den Flügeln. Kaisermäntel. Und zwar nicht einer oder zwei, sondern geschätzt weit über hundert. An fast jeder der zartrosa Disteln wird süßer Saft geschlürft, träge bewegen die Falter ihre Flügel, als hätte sie der viele Nektar müde gemacht, dann ziehen sie weiter zur nächsten Blüte. Es ist ein einziges Flattern, ein sich ständig veränderndes Muster, als würde man durch ein Kaleidoskop blicken. Der Anblick verzaubert mich jedes Mal, versetzt mich in eine Traumwelt, gewoben aus Wärme, Duft und der zarten Schönheit der Schmetterlinge. Und segelt einer von ihnen ganz nah an mir vorbei, kann ich sogar das Schlagen seiner Flügel hören.

BIOTOP WALDRAND –

seltene Schönheit

Eigentlich ist ein natürlicher Waldrand ein fließender Übergang zwischen Wald und Offenland. Ich sage eigentlich, weil auch diese Biotopform in der heutigen Landschaft immer weniger Platz findet. Offenland ist in der Regel Acker oder Wiese, die sich oft bis direkt an den Wald erstreckt. Ohne Rand. Ein echter Waldrand hingegen ist nicht mit dem Lineal gezogen und vor allem nicht statisch. Erst wachsen Sträucher in die Wiese ein, die werden dann nach einiger Zeit von Pionierbäumen wie Birke oder Salweide begleitet, und schließlich folgen dann Waldbäume wie Buche oder Eiche.

Ein Waldrand bildet einen wichtigen Übergang zwischen zwei Biotopen mit völlig unterschiedlichen Eigenschaften: dunkel, feucht und kühl auf der einen Seite, hell, warm und trocken auf der anderen. Und in diesem Übergangsbereich existieren all diese Eigenschaften nebeneinander, wie in einem Mosaik. Nischen für neue Arten entstehen, was den Waldrand zu einem enorm artenreichen Biotop macht.

Dieses Wunderreich betrete ich so gut wie nie ohne meine Kamera. Es ist eine Art Sehnsucht, diese fragile Schönheit, den besonderen Moment in Bildern festzuhalten und für immer zu bewahren. Die zartrosa Scharfgabe, die aus dem weißen Meer von Giersch hervorsticht, die nasse Hummel, die unter einer Distelblüte Schutz vorm Regen sucht, der Schmetterling, auf dessen Flügel sich der Schatten einer Blüte abzeichnet. Ein Glücksgefühl durchströmt mich dann und Dankbarkeit, dass wir zu diesem besonderen Ort gefunden haben.

Als Kind konnte ich mich in der Schule nur mäßig konzentrieren, hatte aber nie Probleme, mich stundenlang in der Natur zu versenken. Erwachsene, so wurde es mir erzählt, sorgten sich bisweilen, dass mit »dem Kind« möglicherweise etwas nicht ganz stimmte, weil ich oft regungslos dastand und schaute.

Laufe ich an Giersch und Distelwiese vorbei, muss ich ein Stück hinab in eine kleine Senke steigen. Es knirscht unter meinen schweren Wanderschuhen – Bucheckern aus den letzten Jahren, die zu Tausenden auf dem Boden liegen, und abgemähte Brombeerstauden bilden diesen knisternden Teppich. Unten angekommen, verändert sich der Boden dann spürbar – nass und oft matschig ist er, selbst wenn es seit Tagen nicht geregnet hat. Diese Senke schneidet durch den ganzen Hang und trifft auf unseren Teich, der das Hangwasser auffängt.

Noch ein kurzer, steiler Anstieg, und wieder erwartet mich eine völlig andere Welt. Licht und grün stehen die alten Buchen hier und recken ihre Äste Richtung Hof. Mächtige Stämme, grau wie Elefantenbeine, umrankt von Efeu und Waldmeister. Unter dem schattenspendenden Laub dieser Buchen haben sich früher die Kühe und Kälber unseres Nachbarn gerne aufgehalten. Und genau dort ergießt sich im Frühling eine Flut an Vergissmeinnicht. Sie stehen so dicht und leuchten so intensiv, dass man den großen himmelblauen Fleck sogar vom Hof aus sehen kann. Sie mögen

Im Frühling verwandelt sich der Waldrand
in ein leuchtend blaues Blütenmeer.

nährstoffreiche Böden und zehren vermutlich immer noch von
den energiereichen Hinterlassenschaften der Weidetiere.

Im Hochsommer hat der Waldrand dann ein ganz anderes Gesicht. Vergissmeinnicht weicht Dost, Ziest und anderen Sommer-
pflanzen, die Buchen tragen zottelige Früchte. Steigt man hinweg
über die morschen Äste am Boden, die dort von Insekten, Pil-
zen und Mikroorganismen langsam zersetzt werden, und macht
ein paar Schritte in den Wald, erwarten einen nicht nur sirrende
Mücken und Bremsen, sondern mit etwas Glück auch ganz besondere Pilze: Parasole.

Große, cremefarbene Riesenschirmlinge, die mit ihrem schick
gefiederten Hut und dem braun gezeichneten Stiel stolz am Hang
stehen. In einem guten Pilzjahr, wenn sich die Parasole über den
ganzen Hang hinauf verteilen, hat der Wald dann etwas von einer
Märchen-Filmkulisse. Die sieben Zwerge oder Alice im Wunder-
land würden perfekt hierherpassen.

Ich weiß nicht, was ist das nur mit diesem Streifen Wald, dass
ich immerzu an Märchen denken muss?

Eine unerwartete Leidenschaft

Ein anderer Lieblingsplatz von mir ist eine einfache Holzbank, die unter unserem Schlafzimmerfenster steht und über die wir eine alte, kuschelige Decke ausgebreitet haben. Wenn es an kalten Winterwochenenden draußen nichts für uns zu tun gibt, sitzen wir morgens dort, trinken unseren ersten Kaffee und beobachten die Vögel an der Futterstation. Zwei Futtersilos, ein Ring mit Meisenknödeln und ein Fettklotz, die in den Zweigen einer alten Zwetschge unweit vom Haus hängen. Es hat sich in der Vogelwelt schnell herumgesprochen, dass wir ein Restaurant eröffnet haben. Hätte uns vor ein paar Jahren jemand prognostiziert, dass wir auf den Vogel kommen würden, wir hätten ihm vermutlich selbigen gezeigt. Aber wie so oft im Leben kommt alles anders, als man denkt.

FUTTERSTELLEN –
Naturerlebnis vor dem Fenster

Vögel füttern ist eine wunderbare Gelegenheit, seine gefiederten Nachbarn aus nächster Nähe zu beobachten und etwas über sie zu lernen. Gerade in harten Wintern wird das zusätzliche Futter gerne angenommen und hilft über die schwierigste Zeit. Zehn bis fünfzehn Spezies wie Meisen-, Sperling- und Finkenarten und Rotkehlchen profitieren hauptsächlich von den Fütterungen, Arten, deren Bestand meist nicht unmittelbar gefährdet ist. Um den Rückgang bedrohter Arten zu stoppen, braucht es deutlich weitreichendere Maßnahmen, denn Füttern kann fehlende Lebensräume leider nicht ersetzen.

**Beim Füttern gilt es ein paar Dinge zu beachten,
um den Tieren nicht ungewollt zu schaden:**

- Futterspender/Futtersilos gegenüber »Häuschen« den
  Vorzug geben. Die Vögel laufen dann nicht im Futter
  herum und können es auch nicht mit Kot verschmutzen –
  das minimiert die Übertragung von Krankheitserregern.
  Zudem verdirbt das Futter nicht so schnell.

- Futter- und Wasserstellen sauber halten!

- Futterspender so platzieren, dass sich Katzen nicht unbemerkt anschleichen können. In der Nähe sollten sich
  Büsche/Bäume befinden, damit die Vögel zum Beispiel
  bei einem Sperberangriff Deckung finden können.

- Es gibt Körnerfresser wie Meisen, Finken und Sperlinge,
  und Weichfutterfresser wie Amsel, Zaunkönig und
  Rotkehlchen. Als Basisfutter eignen sich Sonnenblumenkerne und für Weichfutterfresser zudem
  Haferflocken und Rosinen.

Und so sitzen wir, ausgerüstet mit einem Vogelführer und zwei
Ferngläsern, da und bestaunen das bunte Treiben. Klar kannten
wir auch vorher schon die klassischen Arten wie Amsel, Kohl-
meise, Blaumeise, Buchfink, Spatz, Gimpel und ein paar andere.
Aber unsere Futterstation zieht auch eine ganze Menge Vögel
an, die vorher nicht zu unserem Wissensrepertoire gehörten. Er-
spähen wir einen Neuzugang, wird flugs nachgeschlagen, womit
die Anzahl der bekannten Gesichter kontinuierlich steigt. Mit der
Zeit lassen sich sogar typische Verhaltensweisen erkennen. Die
schüchternen Weidenmeisen, die immer nur ein Körnchen nehmen und sofort damit in den Bäumen verschwinden. Der Kleiber, der chefmäßig den Stamm rauf- und runterläuft, Kerne in

der Rinde versteckt und jeden angiftet, der ihm zu nahe kommt. Oder die Buntspechte, die es vor allem auf den energiereichen Fettklotz oder die Meisenknödel abgesehen haben. Sie hacken so energisch auf das Futter ein, als würden sie einen Baumstamm bearbeiten. Wehe, es nähert sich ein zweiter Specht, dann startet eine wilde Verfolgungsjagd: Stamm rauf, Stamm runter, und dreimal rundherum – alles zu Fuß, bis einer der Kontrahenten endlich die Flatter macht.

Mit der Zeit wurden wir anspruchsvoller: Freuten wir uns anfänglich noch diebisch über die auffälligen Goldammern, die zitronengelb wie Kanarienvögel zwischen den Ästen leuchten, gehörten die schon bald zur Familie, und wir hielten Ausschau nach Exotischerem. Wahrscheinlich ist das so eine Art Sammelleidenschaft. Aber hätten wir nicht ein Auge für die üblichen Besucher der Futterstation entwickelt, wäre diese Leidenschaft wohl kaum entstanden, denn das Besondere erkennt man nur, wenn man mit dem Alltäglichen vertraut ist. Würden wir unsere Goldammern nicht so gut kennen, hätten wir nie herausgefunden, dass der kanariengelbe Vogel mit dem großen schwarzen Kopffleck eine Kappenammer ist, die sich zu uns verirrt hatte. Ein Vogel, der sich normalerweise in Italien, Griechenland und der Türkei wohlfühlt, aber an einem Tag Ende März plötzlich an einem unserer Futterspender saß und sich stärkte. Und so bringt jeder Winter neue Highlights. Für mich waren das vor ein paar Jahren die Schwanzmeisen, die ich hier am Hof zum ersten Mal zu Gesicht bekam. Ich war sofort schockverliebt in diese kleinen, fluffigen Federbälle mit ihrer eleganten creme-schwarz-rostbraunen Zeichnung. Stattliche vierzehn Zentimeter lang sind die zierlichen Vögel, allerdings gehen alleine neun davon auf das Konto des Schwanzes. Sie flitzen in Gruppen durch die Zweige und schnattern dabei wie kleine Mädchen beim Schulausflug.

Oder der Kernbeißer, unser größter heimischer Fink. Mit seinem fast silbrig wirkenden, kräftigen Schnabel und der aufwändigen Federzeichnung sitzt er stolz am Silo und knackt Sonnenblumenkerne im Akkord. Der Riese beeindruckt offensichtlich nicht nur uns, denn auch die anderen Vögel gehen ihm meist respektvoll aus dem Weg.

Fliegt im Winter der Schnee plötzlich in hohem Bogen durch die Luft, dann wissen wir, dass die Tannenhäher wieder unterwegs sind. Sie kommen oft zu zweit und buddeln zielsicher ihre Vorräte aus, die sie im Herbst angelegt haben. Vermutlich Haselnüsse, die neben Zirbelnüssen ihre Lieblingsspeise sind. Woher wir wissen, dass sie Haselnüsse bunkern? Rund um unseren Hof gibt es eine ganze Menge großer Haselsträucher, und im Herbst ertappen wir gelegentlich einen der großen, schokobraun-weiß getüpfelten Vögel mit einer Nuss im Schnabel. Allerdings verschmähen sie auch eine andere Delikatesse nicht. Wenn wir eine gute Ernte hatten, legen wir manchmal Walnüsse – geknackt und ungeknackt – aus. Eigentlich für ihre Vettern, die Eichelhäher, die sich auch gerne bei uns herumtreiben. Aber rauscht dann stattdessen der Tannenhäher an, ist das immer ein besonderes Spektakel, denn der ansonsten so scheue Waldbewohner fackelt nicht lange und knackt die Nüsse gleich an Ort und Stelle. Und wir dürfen zusehen, wie geschickt er ans Werk geht.

Es fällt mir an dieser Stelle schwer, mich zu bremsen, ich könnte seitenweise weiter über »unsere« Vögel schreiben. Über die Ringdrosseln, die manchmal von den Bergen zu uns herunterkommen, genauso wie die herrlich gezeichneten Bergfinken, die das ein oder andere Körnchen bei uns abstauben. Aber ich verstehe, dass nicht jeder diese Leidenschaft teilt. Für mich hat es einfach etwas unglaublich Meditatives, mit einem Kaffee auf der Bank zu sitzen und die bunte Vogelwelt zu bestaunen.

Die Goldammer ist ein oft und gern gesehener Gast.

Der ansonsten scheue Tannenhäher knackt die Nüsse gerne vor Ort.

Erleuchtung in
der Tenne

Unsere Tenne haben wir nach dem Vorbild des ursprünglichen, aber völlig desolaten Originalgebäudes nachbauen lassen. Der lokale Zimmermann, den wir damit beauftragt hatten, kam bei der ersten Besprechung aus dem Kopfschütteln gar nicht mehr heraus.

»So baut man doch heutzutage keine Tenne mehr!«

War uns klar. Aber wir wollten keinen Holzkasten mit Dach drauf, sondern die schöne alte Tenne wiederaufleben lassen. Als wir ihm dann noch erklärten, er sollte möglichst viel von dem alten Holz aus der Originaltenne wiederverwenden, hat er uns wahrscheinlich endgültig als Spinner aus der Stadt abgetan. Genau zwölf große Metallschrauben gibt es in dem Holzgebäude, alles andere wurde gezapft – so, wie man es früher gemacht hat. Ich finde, das spürt und sieht man. Und wer war am Ende über die Wiederauferstehung der Tenne im alten Stil am stolzesten? Der Zimmermann natürlich.

Für mich ist unsere Tenne eine Art Übergangswelt zwischen Drinnen und Draußen. Eine Tür mit großem Glasfenster trennt sie vom Wohnhaus, und jedes Mal, wenn ich die Stufen in den ersten Stock hinaufsteige, fällt mein Blick auf dieses Chaos aus Mähern, Rechen, Sensen, Kreissäge und all den anderen Gerätschaften, die sich so über die Zeit bei uns angesammelt haben (und von denen mein Mann überzeugt ist, dass wir sie auch alle wirklich brauchen).

Das Besondere an diesem großen Raum ist aber nicht das Chaos, sondern das Licht. Denn an den beiden Längsseiten der Tenne sind Klapptüren eingelassen – einfache Konstruktionen, bestehend aus einem Rahmen und Holzlamellen –, die nach außen geöffnet werden können. Wenn die Abendsonne tief steht, verwandelt sie die Tenne in einen goldenen Palast. Die Holzlamellen schneiden das Glühen in Streifen und zeichnen bizarre Muster an die Wand gegenüber. Vergessen sind die Gerätschaften, die Seile, die von der Decke hängen, die alten Gartenstühle, die sich in einer Ecke stapeln. Es ist eine seltsame Art von Schönheit, die nichts mit Objekten, aber alles mit Licht zu tun hat.

Betritt man die Tenne im Hochsommer, steigt einem ein Duft in die Nase, der direkt aus einem Heimatfilm stammen könnte. Eine Melange aus Heu, den Kräutern, die wir zum Trocknen aufhängen, und dem Geruch nach Holz, das Frank kontinuierlich hackt und für den Kamin im Winter stapelt.

Diese aufgeschichteten Holzscheite bergen zudem ein kleines Geheimnis, von dem wir erst letztes Jahr erfahren haben. Der goldene Palast beherbergt nämlich, wie es sich gehört, eine Königin. Genauer gesagt mehrere Königinnen. Wespen-Königinnen.

Im Winter, wenn wir den Kamin anfeuern, tragen wir mit einem großen Korb Holzscheite aus der Tenne und stapeln sie in einem Fach in der Stube. Letztes Jahr ist es dann zum ersten Mal passiert. Es war an einem Abend im Februar, wir saßen beim Abendessen in der warmen Stube, als plötzlich ein sonores Brummen ertönte. Klang wie ein riesiges Insekt – aber mitten im Winter? Unser Hund war da schon weiter. Aufmerksam beobachtete Leopold die dunkle Holzdecke über unseren Köpfen. Dann sahen wir sie auch: Auf einem der Hutnägel – alte Holzstäbe, die in einem Balken stecken und an denen früher Hüte aufgehängt wurden – saß eine riesige Wespe. Putzte sich die Antennen, bewegte träge ihre Flügel. Wir hatten Ihre Majestät wohl mit den Holzscheiten ins Haus gebracht, und die Wärme hatte sie aus dem Winterschlaf gerissen. Leopold wurde weggesperrt, und wir turnten mit einem Glas und einem Stück Papier auf dem Tisch herum, bis wir die Wespe eingefangen hatten. Ein ordentlicher Brummer.

Aber was tut man mit einer erwachten Königin im Februar? Wir brachten sie zurück in die Tenne und setzten sie bei den hintersten Holzscheiten, die wir in diesem Winter nicht mehr verfeuern würden, aus. In der Hoffnung, dass sie wieder einschlafen und dieses kleine Abenteuer im Frühling nur für einen verrückten Traum halten würde.

In diesem Winter hatten wir noch eine weitere Königin in unserer Stube zu Gast. Obwohl wir die Holzscheite vom ganz anderen Ende der Tenne genommen hatten, fragten wir uns immerzu, ob wir dieselbe Königin nun ein zweites Mal geweckt hatten. Wer möchte schon für anhaltende Schlafstörungen einer Königin verantwortlich sein! Seit diesem Erlebnis sind wir achtsamer, wenn wir Holz in den Korb legen und in die Stube bringen …

Herr der Fliegen

Es ist schwieriger als vermutet, aus der Vielfalt am Hof ein paar wenige Lieblingsplätze herauszufiltern. Schönheit lässt sich hier überall entdecken, und die Jahreszeiten mit ihrem Farbenspiel setzen noch einmal ganz eigene Akzente. Sind die Wiesen nah am Haus im Frühling eine Symphonie aus Gelb, Weiß und Blau, wenn Schlüsselblumen, Buschwindröschen, Leberblümchen und Blausterne blühen, verändern sie ihr Gesicht im Sommer, sie werden gelb und golden, wenn die Zeit für Johanniskraut und reife Gräser gekommen ist. Im Herbst mischt sich ein Klecks Rot und Braun dazu, der Winter schließlich lässt mit Frost und Schnee in glänzendem Weiß alles zur Ruhe kommen.

Abseits der pastellfarbenen Wiesen hält der Frühling hier am Hof jedes Jahr etwas ganz Besonderes für uns bereit. Es ist ein bizarres Geschöpf, das unter unserem Walnussbaum lebt: der Gefleckte Aronstab.

Früh im Jahr kann man die Blüten noch leicht übersehen, denn da gibt es noch nicht viel mehr als ein paar eingedrehte Blätter, vielleicht vier, fünf Zentimeter groß. Seine ganze Schönheit enthüllt der giftige Aronstab erst im April. In einem Halbkreis stehen dann die geöffneten Blüten um den Walnussbaum, und, aus dem richtigen Blickwinkel betrachtet, sehen sie aus wie Zwerge mit grünen Mützen, die sich unter dem Baum versammelt haben und etwas aushecken.

Die Blüte besteht aus einem einzelnen grüngelben Blatt, das wie eine Papiertüte eingedreht ist, aus deren Mitte ein violetter Kolben ragt. Der soll übrigens an den Stab des biblischen Hohepriesters Aron erinnern, daher der Name. Die besondere Blüte ist dabei nicht das einzig Bizarre, was diese Kesselpflanze zu bieten hat. Sie ist auch eine geschickte Betrügerin. Stinkt nach Urin und Aas und lockt so Insekten an, die auf so etwas stehen, weil sie gerne in einer solchen Umgebung ihre Eier ablegen. Kaum landen die ahnungslosen Fliegen am Blütenblatt oder am Kolben, rutschen sie ab und landen unten im Kessel. Keine Sorge, der Aronstab ist keine fleischfressende Pflanze, er hält seine Opfer nur für eine Weile gefangen, nämlich genau so lange, bis die Bestäubung erfolgt ist, dann setzt ein Verwelkungsprozess ein, und die Insekten können fliehen.

Verrückt, oder? Noch verrückter ist, dass die Pflanze Wärme produziert, und zwar so viel, dass in ihrem »Kessel« Temperaturen herrschen, die um zwanzig Grad Celsius höher liegen können als draußen in der kühlen Frühlingsnacht. Die Pflanze hat also eine eingebaute Heizung, die sie anwirft, damit die stinkenden Lockstoffe schneller abgegeben werden.

Ein Freund von uns – Physiker und wahrscheinlich noch neugieriger als ich – hat sich während der Coronapandemie eine Wärmebildkamera zugelegt. Als ich ihm bei einem Abendessen vom Aronstab und der integrierten Zentralheizung erzählte, war die Idee schnell geboren: Im nächsten Frühling wollen wir uns mit der Kamera auf die Lauer legen und versuchen, die Wärmestrahlung auf Bild zu bannen.

Mal sehen, ob es klappt.

Aber ob mit oder ohne Infrarotbilder: Der Aronstab wird für mich nie seine Faszination verlieren, und ich werde weiter jeden Frühling Ausschau nach den grünen Zwergen halten.

Bizarr und faszinierend
ist der Aronstab.

NACHWORT

Es ist still hier Anfang November. Jetzt, früh am Morgen, zieht dicker Nebel über den benachbarten Moorsee, Laub deckt die Wiesen warm zu und schickt sie in den Winterschlaf. Längst haben sich unsere Rotschwänzchen auf den Weg nach Süden gemacht, und auch mein Freund, der Bläuling, schlummert in Raupenform schon in seinem Winterquartier.

Wenn ich aus dem Fenster schaue, leuchten mir aus dem Gemüsegarten eine Reihe fedriger Palmkohlpflanzen entgegen, unweit davon reckt der Rosenkohl seine hellgrünen Blätter in die kalte Luft. In unserer Vorratskammer stapeln sich Hokkaido- und Butternut-Kürbisse, drei Sorten Kartoffeln, Süßkartoffeln, Zwiebeln, Knoblauch und einiges andere mehr. Die Marmeladen sind längst eingekocht, die Kräuter getrocknet, der Holunderblütensirup steht in den Regalen.

Noch versüßen uns letzte Sommerfrüchte aus dem Garten das Frühstück: heute eine auf der Fensterbank nachgereifte Honigmelone, zusammen mit den Birnen, die wir selbst gedörrt haben.

Apropos Birnen. Unser alter Baum hat auch in dieser Saison wieder alles gegeben, und dank der Wildkamera, die wir endlich angeschafft haben, wissen wir seit diesem Herbst, wer sich nachts bei uns herumtreibt und am Fallobst nascht. Gegen 22 Uhr rollen die dicken Dachse an, ein paar Stunden später tippeln Füchse vorsichtig durchs Bild, und dazwischen lassen sich immer mal wieder Marder blicken. Schade, dass es keinen Ton zum Bild gibt. Zu gerne hätte ich den Dachsen beim Schmatzen zugehört.

Wie immer, wenn die Tage kürzer werden, machen Frank und ich Pläne für das nächste Jahr. Wir liebäugeln mit Artischocken und Auberginen für unsere Terrassenbeete. Ich meine, wenn Honigmelonen im nassen Chiemgau gedeihen, warum nicht auch Artischocken? Wir werden – wie immer – einfach mal machen und uns vom Ergebnis überraschen lassen.

Und nachdem der obere Teich endlich dicht ist (und hoffentlich auch bleibt), wird auch Raum sein für ein neues Projekt: unseren Waldgarten. So einen kleinen »Naschwald« – für uns und unsere tierischen Mitbewohner – wollten wir schon lange anlegen, nur hat es uns bisher an Zeit gefehlt. Jetzt warten in einer Baumschule unseres Vertrauens bereits Esskastanien-, Mispelbäumchen und noch so manch anderes Gehölz auf uns. Es kann also losgehen! Die ersten Bäume für unseren Mini-Wald werden wir, solange der Boden noch nicht gefroren ist, dieser Tage einpflanzen – oben, auf einem der Hügel, damit die Edelkastanien keine nassen Füße bekommen. Den Rest, samt Unterpflanzung, erledigen wir im Frühling. Und dann heißt es warten. Darauf, dass die Natur das Kommando übernimmt und unseren kleinen Wald mit Leben füllt.

DANKE!

Im Laufe der Jahre sind uns so viele Menschen begegnet, die uns begeistert und inspiriert haben, von denen wir wichtige Dinge gelernt und uns das ein oder andere abgeschaut haben.

Ein großes Dankeschön an Sepp und Josef Holzer und Hubert Jaksch, deren Seminare ein wesentlicher Eckstein für unser Herzensprojekt waren. Und ohne unsere »neuen Freunde« hier im Chiemgau – Luki, Flori, Karin & Co. – wäre alles bestimmt viel schwieriger gewesen. Danke für den konstruktiven Austausch und die manchmal äußerst pragmatische Unterstützung! Das gilt natürlich auch für unsere »alten Freunde« (bitte entschuldigt den Ausdruck!), die sich beim Heumachen so manchen Sonnenbrand und die ein oder andere Blase beim Graben von Pflanzlöchern geholt haben. Schön, dass ihr trotzdem immer wieder zu uns rauskommt!

Meinen Eltern verdanke ich meine Liebe zur Natur und das Talent, auch die kleinen Dinge um mich herum wahrzunehmen. Dafür und für unendlich viel mehr werde ich ihnen ewig dankbar sein.

Meiner Agentin Nicola Einsle gebührt besonderer Dank. Nicht nur hat sie sich von Anfang an mit Begeisterung auf das Abenteuer »Wildes Paradies« eingelassen, sondern mich mit viel Feingefühl durch so manche schwierige Situation im zurückliegenden Jahr navigiert …

Markus Bathen (»Der Wildbeuter«) möchte ich dafür danken, dass er mich fachlich ein wenig unter seine Flügel genommen hat. Sein Feedback zum Buch hat mir nicht nur einen schärferen Blick ermöglicht, sondern ich habe so ganz nebenbei noch einiges dazugelernt.

Ohne meine TestleserInnen und meine Meisterklasse bei Diana Hillebrand wäre bestimmt so manche Stilblüte und unverständliche Passage auf dem Tisch meiner Lektoren gelandet. Danke an euch alle für die Unterstützung und Motivation!

Meinem Verlag Lübbe und meinen Lektoren Mareike, Susanne und Tobias ein großes Dankeschön dafür, dass sie mir mit viel Umsicht und Fingerspitzengefühl dabei geholfen haben, mein »Baby« in die Welt zu bringen.

Ohne Frank, meinen Mann, gäbe es das wilde Paradies nicht. Mit ihm Seite an Seite an der Verwirklichung unseres Traums zu arbeiten ist eine der schönsten Erfahrungen meines Lebens. Danke dafür und für SO vieles mehr …

FÜR ALLE,
DIE MEHR WISSEN
WOLLEN ...

Hier eine kleine Auswahl an Büchern, die uns und mich beim Schreiben inspiriert haben:

Willi Votteler: Altbewährte Apfel- und Birnensorten; Obst- und Gartenbauverlag München 2008

Insektenatlas 2020. Daten und Fakten über Nütz- und Schädlinge in der Landwirtschaft; Heinrich Böll Stiftung, BUND, Le Monde diplomatique

Anja Banzhaf: Saatgut. Wer die Saat hat, hat das Sagen; oekom 2016

Dave Goulson: Wenn der Nagelkäfer zweimal klopft. Das geheime Leben der Insekten; Hanser 2016

Jan Haft: Die Wiese. Lockruf in eine geheimnisvolle Welt; Penguin Verlag 2019

Janisse Ray: The Seed Underground. A Growing Revolution to Save Food; Chelsea Green 2013

Masanobu Fukuoka: Der Große Weg hat kein Tor. Nahrung, Anbau, Leben; pala Verlag 2007

Patrick Whitefield: Das große Handbuch Waldgarten. Permakultur, biologischer Obst-, Gemüse- und Kräuteranbau auf mehreren Ebenen; OLV 2015

Peter Wohlleben: Bäume verstehen. Was uns Bäume erzählen,
wie wir sie naturgemäß pflegen; pala Verlag 2017

Rolf Heinzelmann; Manfred Nuber: 1×1 des Obstbaumschnitts;
Ulmer 2020

Rudi Beiser: Geheimnisse der Hecken. Heilkraft, Mythen und
Kulturgeschichte unserer Sträucher; Ulmer 2019

Sepp Holzer: Sepp Holzers Permakultur. Praktische Anwendung
für Garten-, Obst- und Landwirtschaft; stv 2020

Wolf-Dieter Storl: Die »Unkräuter« in meinem Garten.
21 Pflanzenpersönlichkeiten erkennen und nutzen; GU 2018

Wolf-Dieter Storl: Unsere grüne Kraft.
Das Heilwissen der Familie Storl; GU 2019

Und hier noch ein paar informative Seiten:

Vögel, Insekten, Naturschutz & Co:

www.nabu.de
www.lbv.de
www.bund-naturschutz.de
www.deutschland-summt.de
www.natur-beobachtungen.de
www.naturspaziergang.de
www.insektenbox.de
www.feldherpetologie.de
www.baumkunde.de

Biologisches Saatgut:

www.bingenheimersaatgut.de
www.dreschflegel-shop.de
www.biogartenversand.de
www.bio-kräuter.de

Spannend:

Bloghausromantik
(by Markus Bathen):
Instagram:#Bloghausromantik
Facebook: www.facebook.
com/bloghausromantik

www.krameterhof.at
www.lebensfeld-jaksch.de
www.saat-gut.org
www.slowfood.de
www.permakultur.de
www.dwd.de (Agrarwetter)